Salut, c'est moi !

Je m'appelle Timothée

Mes surnoms TIM, TIMOTE

Je suis né(e) le 4 juillet 2006

à la clinique Adassa (Strasbourg)

J'ai 11 ans. Je mesure : 1m50

Ce que j'aime le plus dans ma vie :

le sport, les filles, les jeux vidéos, ...

Ce que j'aime le moins dans ma vie :

les corvées, avoir la flemme, ...

J'habite 1 rue de Neuwiller 67000 Strasbourg

Mon téléphone ....

Mon adresse mail Timothee.lr.toril@gmail.com

J'entre au collège Saint-Etienne

Adresse ....

Tél. ....

Adresse mail du secrétariat ....

Je suis en 6e ....

Les délégués de ma classe :

.... Tél. ....

.... Tél. ....

mes parents

Ma mère :

Son téléphone au travail ....

Son mobile 06 75 70 06 00

Son mail ....

....

Mon père :

Son téléphone au travail ....

Son mobile 06 76 08 27 01

Son mail ....

mes frères et sœurs

Jeanne .... âge 6 ans 3/4

Samuel .... âge 14 ans 1/2

.... âge ....

.... âge ....

.... âge ....

.... âge ....

mes meilleures copines

Maya .... Tél. 06 08 24 01 62

Adresse mail ....

.... Tél. ....

Adresse mail ....

.... Tél. ....

Adresse mail ....

.... Tél. ....

Adresse mail ....

mes meilleurs copains

Louis .... Tél. 07 86 32 63 96

Adresse mail ....

Jibril .... Tél. ....

Adresse mail ....

.... Tél. ....

Adresse mail ....

.... Tél. ....

Adresse mail ....

AU COLLÈGE !

Le prof de maths
Le cuisinier
La conseillère d'orientation
Le jardinier

Une équipe DE PROS rien que pour toi !

Qui fait quoi dans ton collège ? C'est le grand changement avec le CM2. En 6e tu as au moins huit matières différentes et autant de professeurs. Donc des façons différentes de faire cours, et autant d'occasions d'apprendre des milliers d'infos !

Le professeur PRINCIPAL

SON SLOGAN

« Pour une année sans histoires, il faut venir me voir, sans retard ! »

SES ATOUTS
Il s'efforce de connaître chacun des élèves de sa classe et doit se rendre disponible pour eux et pour leurs parents, sur rendez-vous.

SA MISSION
Être pour toi et les autres élèves de la classe LE professeur de référence. Un peu comme l'était ton maître ou ta maîtresse en CM2. Trois contrôles le même jour ? Un copain mis à l'écart ? Un projet de sortie au ciné ou au théâtre ? C'est à lui que vous pourrez vous adresser. C'est lui qui va vous accueillir le jour de la rentrée, c'est lui aussi qui préparera avec vous les conseils de classe (lire page 26). Dans de nombreux collèges, du moins au début de l'année, il dispose d'une heure de « vie de classe » – en plus de ses heures de cours – pour apprendre à mieux vous connaître et faire le point avec vous sur l'organisation de votre travail, sur l'ambiance de la classe et vos problèmes éventuels. Le professeur principal est aussi chargé d'assurer le lien avec tous les autres professeurs de la classe.

À ne pas confondre avec le principal (ou la principale)

C'est le responsable du collège. Dans un établissement privé, on dit plutôt « directeur ». Certains accueillent les élèves tous les matins à la porte du collège. D'autres sont moins visibles, travaillant plus souvent dans leur bureau à régler mille et un dossiers. En cas de gros souci, de violence ou de maladie par exemple, n'hésite pas à aller le voir. (Lis aussi p. 16.)

Le conseiller principal D'ÉDUCATION

SES ATOUTS

Il en a de sérieux en poche ! D'abord, le règlement intérieur, que tu es censé(e) connaître et respecter. Ensuite, une équipe de surveillants (nommés aussi « pions ») qui relèvent les cahiers de présence dans les classes, contrôlent les entrées et sorties du collège. Enfin, une bonne connaissance des élèves : un jour ou l'autre, tous entreront dans son bureau pour montrer une autorisation de sortie, un mot de retard, s'inscrire à une activité du foyer, ou bien monter un projet avec le conseil des délégués.

SA MISSION

Mettre de l'ordre et de l'animation dans tes études. Oui, les deux à la fois, c'est possible. Pour garantir l'ordre, le conseiller principal d'éducation – ou, en abrégé, le CPE – est d'abord chargé de vérifier la présence de tous les collégiens ou d'obtenir les motifs de leurs absences. Pour assurer l'animation, il est souvent responsable du foyer du collège, d'un club, ou de la formation des délégués de classe.

SON SLOGAN

« Un collège bien ordonné, c'est un collège vitaminé ! »

Les SURVEILLANTS

LEUR SLOGAN

« Des petits mots, des petits mots, encore des petits mots, et pas trop de gros bobos ! »

LEUR ATOUT

Leur âge : la plupart sont étudiants. Cela leur permet de tisser des liens privilégiés avec les élèves et d'avoir une oreille attentive en cas de petits soucis.

LEUR MISSION

Tu les verras sans doute frapper à la porte de ta classe et venir chercher le cahier de présence (dans certains collèges, on dit aussi « cahier d'absences ») rempli et signé par ton professeur. Les surveillants ont en effet pour principale mission de vérifier si personne ne manque à l'appel. En cas d'absence, sous le contrôle du CPE, ils te demanderont de fournir un mot signé de tes parents. Ils surveillent les élèves dans la cour de récréation ou les salles de permanence. Ils peuvent encore animer des clubs ou des projets montés par des collégiens : club Internet, collecte de dons pour une association humanitaire, etc. Dans certains collèges, ils peuvent également proposer, avec des professeurs, des séances de soutien.

Idées clubs

Théâtre, échecs, journal, lecture, solidarité… chaque collège propose des activités en dehors des cours. Les clubs Unicef en collège proposent, par exemple, des actions de solidarité et permettent entre autres de réfléchir à l'importance de la défense des droits des enfants, comme celui d'aller à l'école. www.unicef.fr

Le DOCUMENTALISTE

SES ATOUTS
Tous les trésors que contient son repère : le CDI. Tu y trouveras forcément quelque chose à ton goût. Sa disponibilité aussi : le (la) documentaliste anime souvent le journal du collège, participe à des projets, invite des écrivains... de quoi remplir tes temps « creux » !

SA MISSION
Stimuler ta curiosité ! Souvent, en début d'année, le (ou la) documentaliste reçoit les élèves pour leur révéler les secrets du CDI, une salle pleine de trésors. Il (ou elle) leur présente le fonctionnement du prêt des livres, peut les initier à la recherche documentaire sur Internet ou sur des CDrom. Il (ou elle) dispose aussi de logiciels de jeux en maths et en français qui permettent de réviser ou d'approfondir des notions sans avoir peur de se tromper : au moins, l'ordinateur ne met pas de mauvaises notes ! Et, quand on veut travailler ou lire au calme, le CDI, c'est tout de même plus accueillant qu'une salle de permanence.

SON SLOGAN
« Une année sans CDI, c'est comme une vie sans amour, impossible et trop triste ! »

Lire et écrire
Tu te sens une vocation d'écrivain ? Ne rate pas le prochain concours d'écriture du magazine *Je Bouquine* ! Il te faudra écrire la suite d'un texte commencé par un écrivain célèbre... Plus d'infos sur blog.jebouquine.com
Tu dévores les livres ? Suggère à ton professeur de français d'inscrire ta classe au prix Chronos de littérature. Parmi un choix d'ouvrages ayant pour thème les relations entre les générations, la transmission du savoir, le parcours de vie, vous pourrez élire votre livre préféré. Plus d'infos sur www.prix-chronos.org.

L'INFIRMIÈRE

SES ATOUTS
Son sens de l'écoute. Elle soigne bien sûr les maux de tête et les maux de ventre, très fréquents chez les collégiens soucieux, inquiets ou stressés. Elle est aussi là pour prêter l'oreille à de gros soucis et de petits chagrins, rassurer en cas de coup de pompe ou de blues. Si tu as besoin de conseils pour toi ou un(e) ami(e) qui va mal, c'est à sa porte qu'il faut frapper. Tu peux compter sur sa discrétion.

SON SLOGAN
« Pour les bleus à l'âme et au corps, rien ne vaut un peu de repos et une écoute de pro ! »

SA MISSION
Vérifier si tu es en bonne santé et t'aider à le rester. Normalement, tous les élèves de 6e doivent passer un bilan de santé : un examen qui se déroule à l'infirmerie et qui permet de s'assurer que tu es à jour pour les vaccins obligatoires, que tu n'as pas de problème de vue, d'audition, et que tu n'as pas besoin de soins dentaires. Dommage que l'Éducation nationale manque d'infirmières ! Résultat : dans certains collèges, l'infirmerie n'est ouverte que deux ou trois jours par semaine.

L'assistante SOCIALE

SES ATOUTS
Sa formation et son expérience. Elles lui permettent bien sûr de t'écouter attentivement, mais surtout de te conseiller si tu le souhaites et de te proposer, à toi ou à tes parents, des aides. Car chaque collège dispose de sommes distribuées par l'État, appelées « fonds social collégien » et « fonds social cantine », pour participer aux dépenses de restauration et de fournitures scolaires des collégiens qui en ont besoin.

SON SLOGAN
« Qui ne demande pas d'aide est sûr de ne pas en obtenir ! »

SA MISSION
T'aider à résoudre tes problèmes. C'est vrai, elle n'est pas là souvent, car elle doit se « partager » entre plusieurs établissements. Alors note bien sur ton carnet de correspondance (ou de liaison) son nom, son numéro de téléphone et ses heures de présence. Tu peux aller la voir pour tous tes soucis ne concernant pas directement ton travail au collège : problèmes de violence physique ou verbale dans la classe ou dans la cour, vol ou racket, mais aussi soucis familiaux ou de santé qui te perturbent, ou encore difficultés financières dans ta famille.

Le conseiller D'ORIENTATION

SON SLOGAN

« Aujourd hui est déjà demain. »

SES ATOUTS

Sa bonne connaissance du système scolaire, des études et des formations dans ta ville et ton département, ainsi que sa formation en psychologie. Des compétences indispensables pour guider les collégiens souhaitant mettre de l'ordre dans leur tête et leurs projets d'avenir.

SA MISSION

T'aider à préparer un projet d'avenir. Chaque établissement scolaire bénéficie des services d'un(e) conseiller(e) d'orientation. Celui-ci (ou celle-ci) a généralement une permanence régulière dans le collège et peut aussi être vu(e) dans un Centre d'information et d'orientation. Dans les collèges privés, les conseillers d'orientation interviennent au BDI (bureau de documentation et d'information). Tu ne trouveras sans doute pas utile de le (ou la) rencontrer durant ton année de 6e, mais les 3e savent qu'il est précieux de le (ou la) consulter pour commencer à réfléchir à l'après-collège.

Ton DICO COLLÈGE

Deviens le maître des lieux (enfin, presque !) et fais connaissance avec le petit dictionnaire du collégien.

A

ACCOMPAGNEMENT PERSONNALISÉ si besoin d'aide

Il s'adresse aux élèves qui sont un peu justes dans certaines matières. Des professeurs du collège leur expliquent comment mieux travailler (comment apprendre une leçon, organiser ses devoirs...), et leur donnent des cours dans les matières où ils ont des difficultés. Jusqu'à 2 heures par semaine.

AGENDA pour être le roi de l'organisation

C'est avec ce gros carnet et ton emploi du temps que tu t'organiseras, vérifieras si tu as fait ton travail pour le lendemain, et si possible prendras un peu d'avance le mercredi ou le samedi. N'hésite pas à adopter une couleur par matière quand tu notes les devoirs donnés par les professeurs, et à utiliser des abréviations (un cœur pour « apprendre par cœur », « EX » pour « exercice », un triangle pour « attention, contrôle ! »), car parfois les profs dictent les devoirs à toute vitesse, quand la sonnerie de fin de cours a déjà retenti !

ASSOCIATION SPORTIVE pour se bouger

S'il y en a une dans ton collège, tu pourras peut-être faire du foot, du badminton, de la natation...

B

BULLETIN
pour se repérer

En 6e, tes parents recevront ton premier bulletin de notes pour les vacances de la Toussaint. On appelle ça un bulletin de mi-trimestre. Si les bonnes habitudes de travail ne sont pas encore prises, cela permet de les adopter sans tarder !

après les cours ou le mercredi après-midi. Et, lors des compétitions, faire des matchs contre d'autres collèges.

ASSURANCE SCOLAIRE
pour être zen

Demande à tes parents de vérifier auprès de leur assureur si tu es « couvert(e) » pour les sorties au théâtre, à la piscine ou... en voyage scolaire.

« Au début de l'année, on a eu trois séances d'accompagnement personnalisé, par demi-groupe. La prof nous a expliqué comment travailler, comment préparer notre sac, et nous a aidés à faire notre emploi du temps... »

Angèle

BUREAU DE L'INTENDANT
où le compte est bon

L'intendant(e) gère le budget du collège, passe les commandes de fournitures et de mobilier pour les classes et les professeurs, adresse aux familles les factures de la cantine. C'est là que tu dois porter les chèques de tes parents.

BUREAU DU PRINCIPAL
où l'autorité travaille

Tous les chefs d'établissement (principal dans le public, directeur dans le privé) ont un grand bureau et un secrétariat, où parents et élèves peuvent être reçus. Mais tous ne gardent pas leur porte hermétiquement close ! Certains, au contraire, la laissent fréquemment ouverte pour mieux entendre « les bruits du collège » et rester à la disposition des jeunes visiteurs. D'autres se tiennent plus souvent debout à l'entrée du collège, dans la cour ou les couloirs plutôt qu'assis dans leur fauteuil ! Quoi qu'il en soit, n'hésite jamais à demander à voir le principal ou le directeur si tu as quelque chose d'important à lui dire. Rencontrer les élèves, pour les aider, les récompenser, les punir, fait aussi partie de son rôle.

BUREAU DE LA VIE SCOLAIRE
où l'on passe et repasse

L'un des points stratégiques du collège ! Billets de retard, mots d'absence, autorisations de sortie exceptionnelle, préparation de la réunion des délégués, organisation d'une activité, d'un club : tu auras sûrement une excellente raison de repérer cet endroit indispensable à la vie de tout collégien.

« Les parents et les profs nous demandent d'être plus sérieux, il faut toujours avoir notre carnet de correspondance sur nous, partout avec nous, il ne faut rien oublier. Si on n'a pas notre carnet, il faut aller chercher un papier à la Vie scolaire. »
Angèle

C

CANTINE
où l'on prend des forces

Self-service ou cantine traditionnelle ? De plus en plus de collèges disposent aujourd'hui d'une salle de restauration équipée d'un self-service, avec un choix (faible ou énorme) d'entrées, plats et desserts. Ce système plaît souvent aux collégiens, mais pas aux diététiciens ! Car il est difficile pour

certains de résister quand on a le choix entre pizza et carottes râpées, filet de poisson-riz et steak-frites ! Et tant pis pour les graisses ! Si dans ton collège le nombre de demi-pensionnaires est élevé, deux ou trois services pourront être organisés. Conséquence : au bout d'une demi-heure maximum, il faudra céder la place aux suivants. Enfin, si tu fais « beurk, beurk, beurk » trop souvent, demande à l'infirmière ou au CPE de monter une « Commission menus » avec d'autres collégiens.

« La cantine, on y passe moins de temps qu'au primaire, il faut manger vite ! Au bout de dix minutes, on nous dit : il y en a d'autres qui attendent ! »
Lou-Anne

CARNET DE CORRESPONDANCE toujours avec toi

On te le remet en début d'année, il fait le lien entre le collège, tes professeurs, tes parents et toi. Tu y liras avec ton professeur principal le règlement intérieur, c'est le rappel de toutes les règles de vie et de travail au collège : les horaires, les comportements, la discipline... Il comporte aussi de petits billets détachables pour faciliter la communication entre tes parents et les enseignants. Premier objectif : ne pas le perdre ! Deuxième objectif : ne pas l'oublier à la maison !

CDI où l'horizon s'élargit

À l'école primaire, tu avais certainement des séances de lecture à la BCD, bibliothèque centre documentaire. Désormais, tu disposes d'un CDI, centre de documentation et d'informations (ou BDI, bureau de documentation et d'information, si tu es dans un établissement privé). Là, un (une) documentaliste t'apprendra à te repérer, à faire des recherches documentaires, te présentera des revues et des magazines pour te distraire ou t'informer. Un espace idéal pour s'évader.

« Au CDI, on peut emprunter des livres, aller sur un ordinateur pour faire un travail. On peut y aller à la récré de 10 heures, à celle de midi et à celle de 15 h 15. »
Maxime

CONSEILS DE CLASSE
pour faire le point

Il y en a trois dans l'année : chacun se déroule dans les trois dernières semaines du trimestre. Le conseil de classe réunit le chef d'établissement (ou son adjoint), l'ensemble des professeurs, le CPE, parfois l'infirmière, l'assistante sociale, les délégués des élèves et les représentants des parents d'élèves. Avant cette réunion, chaque professeur reporte la moyenne de chaque élève sur son bulletin trimestriel, ainsi qu'un commentaire d'appréciation. Cela permet aux enseignants de dresser une sorte de bilan du trimestre (« Travail sérieux mais bavardage » ou « Pourrait certainement faire mieux » ou « Très bon travail, continuez »...), qui sera ensuite transmis aux parents. Certains collèges attribuent aussi des « récompenses » – « félicitations » – « tableau d'honneur » – « encouragements » – et des avertissements en cas de conduite problématique ou de travail insuffisant.

COULOIRS
où les bruits circulent

Au début, tu t'y perdras peut-être ! Certains architectes de collège semblent avoir pris un malin plaisir à dérouler des couloirs sans fin, parsemés de portes bleues uniformes, où seule une boussole semble permettre de repérer le nord et le sud ! Ensuite, tu leur trouveras un certain charme, à ces couloirs : ils assurent dégourdissement des jambes et pause bavardage entre deux cours,

le temps de passer de la salle de SVT, au premier étage au fond à droite, à la salle de musique au deuxième étage, première porte à gauche... Pratique pour échanger des infos sur la prochaine interro, transmettre un message secret à une copine, ou prendre rendez-vous pour la sortie.

COUR
le lieu où tout peut arriver

Vaste ou étroite ? Égayée d'arbres et de bancs ou barrée de murs tristes ? Royaume des basketteurs ou terre d'asile des comploteurs en tout genre ? La cour du collège est un lieu rarement calme, toujours riche en rencontres, batailles, confidences, informations, casse-croûte, devoirs recopiés à la hâte... Sous l'œil des surveillants, c'est là que se disputent et se réconcilient les amis, se nouent et se dénouent les histoires amoureuses, et se défoulent des collégiens épuisés par 2 heures de cours ! Un haut lieu stratégique pour prendre le pouls du collège et garder le contact entre copains et copines.

« Dans la cour, les grands ne nous parlent pas, mais on se sent petits quand même. »
Raphaella

CYBERHARCÈLEMENT
pour savoir se défendre

Ce sont des insultes, des moqueries, des photos gênantes, des messages violents (page 29) qui circulent sur Internet (sur Facebook, par exemple). Si tu en es témoin ou victime, il faut aussitôt en parler à tes parents, à un adulte du collège. Tu peux aussi appeler ce numéro : 0 800 200 000, pour trouver de l'aide.

D

D'COL
pour apprendre sur Internet

C'est un nouveau dispositif de soutien pour les élèves en difficulté quand leur collège est en zone prioritaire. Avec un professeur, ils travaillent 2 heures par semaine sur ordinateur, ils ont accès à un site qui leur propose des exercices et des cours, dans différentes matières.

DEVOIRS pour progresser

Tu devrais en faire chaque jour un peu, même si les profs ne le répètent pas toujours ! L'idéal en rentrant chez toi est d'abord de ménager une « pause-goûter » (cela ne signifie pas t'endormir devant la télé !). Ensuite, regarde ton agenda. Si tu as une leçon à apprendre et des exercices pour la même matière, le plus judicieux est de commencer par l'apprentissage de la leçon (règles de grammaire, propriétés en maths...). Ainsi, tu as tout en tête pour faire les exercices, résoudre les problèmes. Si tu as un grand contrôle de maths à préparer pour dans quinze jours ou une grande interrogation de SVT pour dans une semaine, tu as intérêt à « découper » ce travail en petites portions d'un quart d'heure ou d'une demi-heure chaque jour : cela t'évitera de paniquer la veille et d'y passer des heures !

« Pour apprendre mes leçons, je les lis plusieurs fois et ensuite je répète sans regarder les textes. La plupart du temps, j'ai une bonne mémoire. Quand je n'en ai pas, c'est que je ne suis pas concentrée. Parfois, on n'est pas concentré parce qu'on pense à ce qu'on aimerait faire si on ne travaillait pas... »
Raphaella

E

EMPLOI DU TEMPS
pour ne pas en perdre (de temps !)

Tu en as copié un dans ton agenda, un sur ton cahier de correspondance. En as-tu punaisé un sur le mur face à ton bureau ? Comme cela, chaque soir, tu es sûr(e) de ne pas oublier une leçon ou un exercice. Et, quand tu prépares ton sac pour le lendemain, vérifie bien si tu y ranges (ranger ne signifie pas jeter !) tout ce dont tu auras besoin pas plus : ménage ton dos.

« Au début, ce qui est bizarre, c'est l'emploi du temps. C'est un peu fatigant de ne pas avoir de pause le mercredi, mais je m'y suis vite habituée. J'aime bien aussi que nos journées soient moins longues. »
Juliette

F

FONDS SOCIAL COLLÉGIEN
pour les familles en difficulté

Chaque collège reçoit en début d'année une somme destinée à aider les élèves dont les familles sont en difficulté. Ce fonds peut être utilisé pour acheter des fournitures scolaires, des livres. Il existe aussi un fonds spécial pour les cantines. En cas de besoin, tes parents peuvent contacter l'assistante sociale ou le secrétariat de ton collège.

H

HARCÈLEMENT
pour savoir réagir

Il arrive que certains élèves souffrent à cause d'autres élèves qui les insultent, les bousculent sans cesse, les intimident. Que tu sois témoin de harcèlement ou victime, il faut en parler sans tarder aux adultes du collège (surveillant, CPE, infirmière, documentaliste, professeur...).
Tu peux aussi appeler un numéro gratuit : 0 800 807 010 pour trouver de l'aide. Et visiter ce site : www.agircontreleharcelementalecole.gouv.fr

HEURES DE COURS
le compte est bon

Selon l'organisation de ton collège, tu auras entre 26 h 30 et 27 heures de cours par semaine.

HEURES DE VIE DE CLASSE
pour une classe plus classe

Ce sont des heures spéciales avec ton prof principal pour débattre de ce qui pourrait améliorer le fonctionnement de la classe, créer une meilleure entente entre les élèves ou avec les professeurs. Dix heures de vie de classe sont prévues. Les élèves délégués peuvent demander qu'un sujet soit discuté durant une heure de vie de classe.

I

INTERROGATIONS
pour évaluer les connaissances

Le contrôle de tes connaissances peut être organisé de différentes façons : certains établissements ont des demi-journées de « devoirs sur table », certains professeurs alternent devoirs à la maison et devoirs en classe. D'autres ne font que des « contrôles surprises », d'autres encore donnent une interrogation écrite à la fin de chaque chapitre.

Tu devrais connaître les « règles du jeu » de tes professeurs dès la première semaine. Et, quoi qu'il en soit, la meilleure façon de ne pas être pris(e) au dépourvu est de... travailler régulièrement.

M

MÉDIATEURS
pour résoudre les conflits

Il n'y en a pas dans tous les collèges. Ce peut être des adultes qui sont spécialement formés pour régler les conflits entre les élèves.
Parfois aussi, des élèves suivent une formation durant l'année pour devenir médiateur. Il en existe une autre sorte : c'est le médiateur de l'Éducation nationale. Il y en a un par académie. Tes parents peuvent le contacter si tu as un gros problème dans ta scolarité et s'ils n'arrivent pas à le résoudre dans ton collège.
http://www.education.gouv.fr/cid256/adresses-utiles.html

P

PERMANENCE
où le calme règne

Un professeur absent, un « trou » dans l'emploi du temps, un devoir surveillé : autant d'occasions d'aller en perm'. Là, quel que soit le nombre d'élèves réunis, un silence complet est exigé pour qu'ils puissent lire ou travailler, à moins qu'une autorisation spéciale et exceptionnelle ne permette de « papoter », jouer aux échecs ou au « petit bac » avec des copains.

PHOTO DE CLASSE
vive les souvenirs !

En début d'année, tu seras sans doute photographié avec ta classe et ton prof principal. Soigne ton apparence le jour J pour avoir un beau souvenir plus tard !

PUNITION
le rappel à l'ordre !

Elle tombe parfois vite ! Le carnet de correspondance oublié, un gros retard en cours, une bousculade dans la cour, une insolence en classe... Résultat : un mot dans le carnet à faire signer par tes parents, des lignes à copier ou des problèmes à faire !

« On a beaucoup de profs, il faut changer tout le temps de salle, et parfois on arrive en retard, car c'est un grand collège avec un sens pour circuler. Donc on doit se dépêcher parce qu'on n'a que cinq minutes entre les cours. Quand on arrive en retard, on a une punition ! »
Julie

R

RÈGLEMENT INTÉRIEUR
pour connaître les règles

Il est écrit noir sur blanc dans ton carnet de correspondance. Ton professeur principal doit le lire en classe à la rentrée afin que chacun le comprenne bien. Ensuite, élèves, parents et représentant du collège doivent le cosigner. C'est un peu le code de la route de la vie au collège : il rappelle les conditions nécessaires pour que chacun puisse étudier, ce qui est permis et interdit, les punitions éventuelles. Une façon de te faire comprendre que tu es grand(e) et responsable maintenant !

RENCONTRE PARENTS-PROFS
pour bien démarrer l'année

La première rencontre a souvent lieu après la rentrée en 6e pour permettre aux parents de mieux connaître le collège et savoir comment l'année se déroulera. Ensuite, il y en a une à chaque fin de trimestre pour remettre le bulletin de notes... et faire le point ! En cas de difficulté dans une matière, il peut être utile de ne pas attendre la fin du trimestre pour proposer à tes parents de voir un professeur et trouver ensemble des solutions.

« Maintenant, je pense que je peux me débrouiller toute seule, que je peux prendre mes responsabilités, mais c'est bien quand même que mère me rappelle parfois mes devoirs, car je peux en oublier ! »
Juliette

S

SAC À DOS
pour ne rien oublier

Si tu as déjà observé des collégiens, tu as peut-être pensé qu'il y avait un seul et unique fabricant de sacs pour le collège ! Rassure-toi : tu es libre de choisir ton cartable, ton sac ou ta mallette à roulettes. Seul impératif : le prendre solide, car il devra transporter des kilos de livres, de classeurs, et ta trousse bien garnie, tout au long de tes années collège !

« La plupart des élèves ont un sac à dos Eastpack, et certaines ont des sacs à main. À l'heure du déjeuner, on ne laisse pas nos sacs dans la classe, mais on doit les mettre dans une salle fermée à clé pendant l'heure du repas, pour éviter les vols. »
Julie

SALLE DES PROFS
curieux, passez votre chemin !

Attention ! Espace réservé... aux enseignants. C'est là qu'ils « respirent » entre deux cours, boivent un café, discutent d'un élève, organisent une prochaine sortie ou corrigent leurs copies lors d'une pause entre deux cours. Chaque enseignant dispose d'un casier, où tu seras peut-être amené(e) à déposer un contrôle oublié, une autorisation de sortie ou un livre prêté. Bien sûr, comme ce n'est pas chez toi, il faut frapper avant d'entrer !

T

TUTORAT
pour être solidaires

Certains collèges mettent en place un tutorat entre « grands de 3e » et

« petits de 6e » ou avec des lycéens ou des étudiants. Les tuteurs sont des « plus grands » qui peuvent aider les élèves à s'organiser, à mieux travailler. Ils sont souvent plus compréhensifs, moins intimidants que des adultes. Renseigne-toi !

« Je n'ai pas l'impression qu'il y a des modes au collège, pas plus qu'en primaire. Mais c'est vrai que tout le monde ou presque a un sac Eastpack ! Le mien est violet, j'ai choisi cette couleur car il n'y en a pas beaucoup. »
Angèle

V

VÊTEMENTS en mode tranquille

La plupart des collèges laissent les élèves s'habiller comme ils le souhaitent tant que ceux-ci ne portent pas les mêmes tenues que s'ils allaient à la plage ou à une fête ! Inutile aussi de faire naître des problèmes de vols ou de racket...

QUIZ

Es tu prêt(e) pour la 6e ?

Histoire de te dérouiller les méninges,
voici un méga-quiz. Prêt(e) ? C'est parti !

1 **Quel est le plus grand continent ?**

a) l'Afrique
b) l'Asie
c) l'Océanie

2 **Comment dit-on en anglais : « Bonjour, je m'appelle Tom »**

a) Hello, I am Tom
b) Hello, my name is Tom
c) Hello, this is Tom

3

Dans la phrase suivante, comment écris-tu le mot manquant :
« Il... est allé. »

a) sans
b) cent
c) s'en

4

Comment s'appelle le résultat d'une division ?

a) le quotient
b) le dividende
c) le produit

5

Qui a écrit « La cigale et la fourmi » ?

a) Jacques Prévert
b) Victor Hugo
c) Jean de La Fontaine

6

Comment appelle-t-on l'endroit où un fleuve se jette dans la mer ?

a) l'embouchure
b) le confluent
c) l'affluent

7

Dans cette phrase, « Les oiseaux n'ont pas peur la nuit », le mot souligné est :

a) COD
b) complément circonstanciel
c) autre chose

8

Parmi ces trois animaux quel est le plus rapide ?

a) le lion
b) le guépard
c) l'antilope

9

Marie dispose de 824 euros, elle veut offrir à ses quatre frères et sœurs une place de concert valant chacune 132 euros. Aura-t-elle assez d'argent ? Pour répondre à cette question, quelle opération dois-tu faire ?

a) une multiplication
b) une division
c) une soustraction

10

L'enfant qui jouait avait l'air gai.
Dans cette phrase, le mot souligné est :

a) attribut du sujet
b) épithète
c) COD

11 Lequel de ces trois organes est un muscle ?

a) le cœur
b) les poumons
c) les reins

12 Quelle est la capitale des États-Unis ?

a) New York
b) Washington
c) San Francisco

13 Quand a été inventée l'écriture ?

a) il y a environ 3 000 ans
b) il y a environ 5 000 ans
c) il y a environ 8 000 ans

14 Combien font $2\ m^2 + 3\ dam^2 + 5\ m^2$?

a) $30\ 700\ dm^2$
b) $3\ 700\ dm^2$
c) $37\ m^2$

15 Quelle forme correspond au passé simple de la 3e personne du pluriel du verbe « valoir » ?

a) valèrent
b) valairent
c) valurent

16 La forêt amazonienne bénéficie de quel climat ?

a) du climat équatorial
b) du climat tropical
c) du climat tempéré humide

17 À quel âge Louis XIV est-il devenu roi de France ?

a) 14 ans
b) 10 ans et demi
c) 4 ans et demi

18 Combien mesure l'intestin grêle chez un adulte ?

a) entre 8 et 9 mètres
b) entre 6 et 7 mètres
c) entre 7 et 8 mètres

19 Comment peut-on écrire 34 unités et 5 millièmes ?

a) 34,005
b) 34,5
c) 3,0405

20 Comment appelle-t-on un livre où l'auteur raconte sa vie ?

a) une autobiographie
b) une biographie
c) une histoire vécue

21 Quel a été le 28e pays à entrer dans l'Union européenne ?

a) la Bulgarie
b) la Croatie
c) la Turquie

22 En quelle année Charlemagne a-t-il été couronné empereur ?

a) en 788
b) en 801
c) en 800

23 Qu'est-ce qu'un tsunami ?

a) un raz de marée
b) un cyclone
c) des vagues géantes dues à un tremblement de terre

24 Combien y a-t-il de régions en France métropolitaine ?

a) 22
b) 20
c) 13

25 En maths, qu'appelle-t-on un nombre premier ?

a) un nombre compris entre 0 et 10
b) un nombre écrit avec le chiffre 1
c) un nombre qui ne se divise que par lui-même et par 1

26 Comment appelait-on les soldats durant la Première Guerre mondiale ?

a) les barbus
b) les poilus
c) les bleuets

27 Comment respire un poisson ?

a) avec des branchies
b) avec des bronches
c) avec des bronchiolites

28 En France, comment élit-on le président de la République ?

a) au suffrage officiel
b) au suffrage universel direct
c) au suffrage partiel

29 Comment s'écrit le participe passé dans cette phrase : les gâteaux qu'elle a dévor... étaient délicieux ?

a) dévorés
b) dévoré
c) dévorer

30 Dans une boîte de 30 chocolats, 2/5 des chocolats sont ronds et les 3/4 des chocolats ronds sont fourrés. Combien y a-t-il de chocolats ronds fourrés ?

a) 12
b) 9
c) 10

RÉPONSES
Es-tu prêt(e) pour la 6e ?

1b Avec ses 44 936 000 m^2, l'Asie est le plus grand continent de la planète, il représente environ un tiers de la surface terrestre.

2b « Hello, my name is Tom » se traduit : « Bonjour, je m'appelle Tom ». C'est ainsi que l'on se présente en anglais.

3c Pour que la phrase ait du sens, il faut écrire : Il s'en est allé (sans, cent et s'en sont des homonymes).

4a Dans une division, on divise le dividende par le diviseur et on obtient le quotient, avec parfois un reste (ex : 13 : 3 = 4,13 est le dividende, 3 est le diviseur, 4 est le quotient, 1 est le reste).

5c Jean de La Fontaine a écrit « La cigale et la fourmi », issue du recueil *Les Fables de la Fontaine*.

6a L'endroit où un fleuve se jette dans la mer s'appelle l'embouchure. Le confluent est l'endroit où une rivière se jette dans un fleuve, et une rivière qui se jette dans un fleuve est son affluent.

7a Un COD (complément d'objet direct).

8b Le guépard peut atteindre la vitesse de 115 kilomètres à l'heure, l'antilope, 95 km/h et le lion, 80 km/h.

9a Il faut faire : 4 × 132 euros (donc une multiplication) pour pouvoir rapprocher le résultat obtenu de la somme que possède Marie.

10a Après les verbes d'état (devenir, passer pour, paraître, sembler, être, avoir l'air...), l'adjectif qui qualifie le sujet est « attribut du sujet ».

11a Seul le cœur parmi les trois organes cités est un muscle.

12b La capitale des États-Unis est Washington.

13b Les textes les plus anciens ont été tracés en écriture cunéiforme. Ils datent d'environ cinq mille ans et ont précédé de quelque mille cinq cents ans l'utilisation des premiers alphabets. L'écriture cunéiforme est née dans le sud de la Mésopotamie, sans doute inventée par les Sumériens.

14a Pour mémoire : 1 hm^2 (ou 1 ha) = 100 dam^2 (ou 100 ares ou 100 décamètres^2) = 10 000 m^2 = 1 000 000 dm^2 = 100 000 000 mm^2. Donc 2 + 300 + 5 = 307 m^2, ou 30 700 dm^2.

15c Le verbe « valoir » conjugué au passé simple et à la 3e personne du pluriel = ils (ou elles) valurent (comme les verbes pouvoir : purent, vouloir : voulurent...).

16a En raison de son étendue, le Brésil connaît plusieurs climats. Au nord-ouest, le bassin amazonien connaît un climat équatorial humide, avec des pluies abondantes toute l'année. Cette région est l'une des plus pluvieuses de la planète, avec une température stable tout au long de l'année, de 26 °C en moyenne.

17c Fils de Louis XIII et d'Anne d'Autriche, né en 1638, Louis devient roi à quatre ans et demi lors de la mort de son père en 1643. Il est placé sous la régence de sa mère, qui gouverne avec le ministre Mazarin.

18b L'intestin grêle chez un adulte mesure entre 6 et 7 mètres.

19a 34 unités et 5 millièmes = 34,005 (1 millième = 0,001).

20a Dans une autobiographie, l'auteur (la personne qui écrit le livre), le narrateur (la personne qui dit « je » et qui relate l'histoire) et le personnage principal (le sujet de son livre) sont la même personne.

21b La Croatie, entrée dans l'Union européenne en 2013, est le 28e État membre. Dans les années cinquante, lorsque les institutions européennes ont été conçues, la Communauté européenne ne comptait que six États membres.

22c Charlemagne a été couronné empereur d'Occident en l'an 800.

23c Le mot « tsunami » est un terme japonais qui signifie littéralement « vague de port ». C'est un tremblement de terre sous-marin qui provoque un tsunami. La secousse sous-marine entraîne le déplacement de la couche d'eau située au-dessus de la zone sismique. Un raz de marée peut être provoqué par le vent.

24c La France compte maintenant 13 régions métropolitaines. En décembre 2014, l'Assemblée nationale a voté le passage de 22 régions métropolitaines à 13.

25c En maths, un nombre premier est un nombre qui n'a pas d'autres diviseurs que 1 et lui-même.

26a Les soldats de la Première Guerre mondiale étaient appelés « les poilus », ils n'avaient pas souvent l'occasion de se raser. Les « bleuets » étaient les plus jeunes des soldats.

27a Les branchies sont les organes respiratoires des animaux aquatiques, elles absorbent l'air dissous dans l'eau.

28b En France, le président de la République est élu au suffrage universel direct. Cela signifie que tous les électeurs (Français inscrits sur les listes électorales et âgés de plus de 18 ans) peuvent voter.

29a Les gâteaux qu'elle a dévorés étaient délicieux, car le participe passé (dévorés) employé avec l'auxiliaire avoir (a) s'accorde quand le COD est placé avant (dans cette phrase, le complément d'objet direct est « qu' » = (les gâteaux). Le participe passé s'accorde donc en genre (masculin) et en nombre (pluriel).

30b 9 chocolats sont ronds et fourrés : 2/5 de 30 = 12, et 3/4 de 12 = 9

Quel est ton score ?

+ de 20 bonnes réponses
Ton bagage est varié et paraît solide. Continue !

De 10 à 20 bonnes réponses
Sans doute quelques lacunes ou étourderies t'ont pénalisé(e) mais ton année de 6e te permettra de consolider tes connaissances.

Moins de 10 bonnes réponses
Les quiz, c'est pas ton truc ! Tu verras avec tes professeurs comment apprendre à travailler et à retenir ce que l'on apprend.

Les PETITES ASTUCES de Lou-Anne

ASTUCE N°2

Ne te laisse pas impressionner par les grands !

« En 6e on se sent tout petit alors qu'en primaire on était les grands. Parfois, les 3e s'amusent à nous embêter, ils jouent les grands... Quand on a un bonnet sur la tête en hiver, ils nous le prennent ! »

ASTUCE N°1

Fais-toi des amis !

« En 6e, quand on est nouveau, ça peut être compliqué. Il peut y avoir des gens qui se moquent de vous, alors se faire des amis, c'est important. Avec des amis, on se sent plus à l'aise ! »

ASTUCE N°3

Entraîne-toi à écrire plus vite !

« En primaire on peut écrire à notre rythme, au collège les profs veulent avancer vite, on ne peut pas prendre notre temps, mais on s'y habitue... »

ASTUCE N°4

Prends de l'avance !

« On approfondit en 6e et il y a des professeurs sévères. Si c'est pas formulé comme ils veulent, ils peuvent enlever des points. Moi quand je rentre chez moi, je révise les cours de la journée, puis je fais mes devoirs pour le lendemain, et ensuite je regarde si j'ai des contrôles à réviser pour plus tard, j'essaie de m'avancer au maximum. »

ASTUCE N°5

Organise-toi !

« Le sac, mieux vaut le faire le soir pour être sûr de ce que l'on doit prendre. Le matin, on n'est pas toujours bien réveillé, et, si on se trompe, on a un mot dans le carnet et les parents ne sont pas contents. »

À ton programme !

ANGLAIS

Objectif
Être capable de communiquer et d'interagir! En fin de 6e, tu sauras te présenter, parler de toi, de ta famille, de ce que tu aimes, décrire la rue où tu habites… Tu sauras aussi dire quels sont tes loisirs, tes talents, ce que tu sais faire ou pas. Tu commenceras à pouvoir t'exprimer au passé, ou au futur proche. Bref, à l'oral et à l'écrit, tu sauras produire des phrases complètes et correctes ! *Isn't it amazing ?*

Ton atout
De nombreuses occasions d'exercer ton oreille : en allant au cinéma voir un film en VO (version originale), en écoutant des chansons sur Deezer, et même en te passant le CD qui accompagne ton livre de classe.

L'originalité
Un cours d'anglais est un « bain de langue ». Ton professeur t'accueillera *in English*, te donnera des consignes simples *in English*, et te posera des questions auxquelles tu répondras *in English* !

La surprise
En primaire, tu jouais ou chantais en anglais. En 6e, ton professeur te demandera d'écouter, de réfléchir, de mémoriser ; bref, d'apprendre !

Ton bonus
10 à 15 minutes d'anglais tous les jours à la maison, et c'est gagné ! C'est le temps qu'il faut pour relire à haute voix le cours du jour sur ton livre et sur ton cahier, faire un petit exercice et apprendre par cœur le résumé ou les phrases d'exemples, avec le vocabulaire et le point de grammaire.

ALLEMAND

5 % seulement des collégiens apprennent l'allemand en 1re langue vivante. Ils le font le plus souvent quand leur collège propose des classes bi-langues dès la 6e : c'est la possibilité d'étudier deux langues vivantes dès l'entrée au collège. Dans la très grande majorité des cas (c'est peut-être le tien), la langue de nos voisins germaniques est choisie en deuxième langue vivante et s'étudie à partir de la classe de 4e.

Objectif

Comme en anglais, à la fin de la 6e, il faut pouvoir se présenter, réagir à différentes situations de la vie quotidienne, s'exprimer au présent et au passé.

L'atout majeur

Participer activement en classe. Cela se passe en trois temps : j'écoute, je répète, je m'exprime.

Paroles de collégiens

All in English

« En anglais, au début de l'année, on a eu une grande interro avec 60 questions, c'était très long et dur ! Et j'ai déjà oublié de faire des devoirs en anglais parce que la prof ne note pas les devoirs clairement au tableau. En plus, elle ne nous parle qu'anglais alors parfois on ne comprend pas bien. »
Angèle

L'Europe des langues

Qu'il étudie en Allemagne, en Grèce ou en Espagne, un collégien qui apprend l'anglais en première langue vivante doit voir ses progrès et ses connaissances évaluées de la même façon au sein de l'Union européenne. Cinq domaines sont évalués : sa capacité à comprendre l'anglais à l'oral et à l'écrit, sa capacité à s'exprimer à l'oral et à l'écrit, et sa capacité à interagir (participer à une conversation).

Les activités principales

La plupart des professeurs utilisent une méthode audiovisuelle. Ils demandent aux élèves d'écouter, de répéter, puis de parler.

L'originalité

Comme en latin (tu le verras en 5e) un même mot varie selon sa fonction dans la phrase. S'il est sujet, complément d'objet direct, complément d'objet indirect, il ne s'écrit pas et ne se prononce pas de la même façon. Étonnant au début, intéressant ensuite : on devient super fort en grammaire.

FRANÇAIS

Objectif

T'emmener à la découverte des différents genres littéraires : le conte, la fable, la poésie, le théâtre. Cette promenade dans la littérature fera de toi un lecteur (une lectrice) plus expérimenté(e), capable de repérer la construction d'un texte et les intentions de l'auteur.

Tes atouts

Pas de grand fossé par rapport à ce que tu as fait en CM2. Tu continueras à apprendre l'orthographe, la grammaire, la conjugaison, souvent à partir d'un texte étudié en classe. Tu utiliseras des dictionnaires (imprimés ou numériques), ainsi que des logiciels de correction orthographique.

L'originalité

Tu auras peut-être la chance de participer à un rallye-lecture, soit au sein de ta classe, soit entre toutes les 6e du collège. Une liste de livres est établie. Chaque élève choisit celui (ou ceux) qu'il va lire et qu'il présentera aux autres pour leur donner envie de le lire. Cette présentation peut se faire à l'oral, sous forme d'affiche, de petit spectacle... Dans certains collèges, des petits cadeaux sont distribués aux élèves participants : ceux qui ont lu le plus de livres, ceux qui ont réalisé le meilleur exposé, ceux qui ont réalisé la plus belle affiche.

Tes outils

Pour te roder en grammaire, conjugaison et orthographe, ton professeur te fournira peut-être un livre d'exercices à trous. S'il ne le fait pas, demande à ton documentaliste de t'indiquer des sites Internet proposant plein d'exercices. C'est plus rigolo à faire avec un ordinateur ! Tu peux visiter : www.weblettres.net/framanet/ (clique sur « cours interactifs »).

Ton bonus

Le programme de 6e est passionnant ! Tu commenceras sans doute par étudier un conte et bientôt tu sauras reconnaître la « structure narrative » ou le « schéma narratif » d'un texte, c'est-à-dire la situation initiale (le début), l'élément perturbateur, les péripéties, le dénouement et la situation finale. Tu pourras même t'essayer à l'écriture d'un petit conte ! En plus de tout cela, tu parcourras l'Ancien Testament, ou l'*Odyssée* ou *Les Métamorphoses* d'Ovide, des œuvres qui correspondent à ton programme d'histoire. Ton professeur te fera découvrir des extraits de la Bible, du Coran ou de la Torah, et te montrera que ces textes ont des points communs (par exemple, l'épisode du déluge). Puis ton professeur t'emmènera au pays des fables, de la poésie et peut-être du théâtre. La poésie te fera jouer avec les sons et les rimes, le théâtre avec les dialogues. Impossible de s'ennuyer avec Molière et *Le Médecin volant* !

Ce que tu sauras faire en fin de 6e

Rédiger un récit logique en respectant les consignes initiales, les personnages, les temps du récit, la situation de départ, etc. Tu auras aussi élargi ton répertoire de mots (ton vocabulaire) et revu la conjugaison des verbes à tous les temps de l'indicatif. Tu sauras mieux prendre la parole en classe, exprimer tes sentiments ou ton opinion.

Paroles de collégiens

Ça va vite !
« En français, la prof écrit très vite et elle ne nous laisse pas toujours le temps de prendre des notes, parfois on n'y arrive pas, alors on lui redemande et elle réécrit le lendemain. Parfois non... »
Léa

MATHÉMATIQUES

Objectif

Consolider, approfondir et développer tes connaissances et tes capacités de raisonnement.

Ton atout

La régularité. Un quart d'heure de travail chaque jour, c'est en moyenne ce qui est nécessaire pour apprendre l'élément nouveau contenu dans ton cours et faire un exercice d'application pour contrôler tes connaissances.

Tes outils

La règle et l'équerre, mais aussi le compas pour reporter des longueurs et le rapporteur, que tu découvriras. Même si tu sais te servir de ta calculatrice, tu n'as pas fini de réviser tes tables de multiplication ! Et de t'exercer au calcul mental. Normal : tu auras besoin de ces connaissances-là toute ta vie.

En calcul

Tu sauras mieux comment et pourquoi utiliser l'addition, la soustraction, la multiplication et la division. Tu continueras à apprivoiser les nombres décimaux et les nombres fractionnaires. Tu retrouveras les pourcentages et la proportionnalité.

À la fin de la 6e

Tu sauras classer par ordre de grandeur une suite de nombres (exemple : 0,1 – 1/3 – 0,5 – 5/7 – 2…). Tu sauras diviser des nombres avec une virgule.

En géométrie

Ni révolution ni changement brutal par rapport au CM2. Mais ce n'est pas parce que tu n'entends pas de mots nouveaux que tu n'apprends rien de neuf ! Carrés, cercles, losanges et compagnie, tu vois à quoi ça ressemble ? Parfait ! Tu passeras de la reconnaissance visuelle des figures géométriques

à leur reconnaissance par leurs propriétés (exemple : je suis un quadrilatère, j'ai des côtés de même longueur, parallèles par paire, je possède un angle droit, qui suis-je ?). Tu apprendras aussi à classer leurs propriétés. Tu deviendras expert en unités de mesure : 1 m^2 = 100 dm^2 = 100 000 cm^2 pour les aires, ou surfaces ; 1 000 000 cm^3 = 1000 dm^3 = 1 m^3 pour les volumes. Tu continueras de les construire avec la règle, le compas, l'équerre, et désormais le rapporteur. Petit à petit, tu passeras du concret à l'abstrait. Tu utiliseras de plus en plus de symboles : celui de l'angle droit, de l'égalité de deux côtés. Le dessin pourra être fait à main levée, sans instrument.

À toi de jouer !

En plus du travail quotidien, tu auras des devoirs en classe pour vérifier à la fois ton raisonnement et tes connaissances, et peut-être parfois des devoirs communs à toutes les 6e de ton collège.

Paroles de collégiens

Un devoir-maison par trimestre
« Moi, j'aime bien les maths ! Chaque jour, on a un ou deux exercices à faire le soir à la maison, ça me prend cinq minutes à peu près. Durant le trimestre, on a aussi un grand devoir-maison à rendre au professeur et qui prend à peu près une heure. »
Cécile

HISTOIRE GÉOGRAPHIE ÉDUCATION CIVIQUE

Objectif

Comprendre petit à petit le monde dans lequel tu vis pour devenir un(e) citoyen(ne) responsable.

Ton atout

Des heures d'évasion garantie au temps des pharaons ou des Romains.

L'originalité

Trois matières avec un seul professeur ! Généralement, le professeur ne mélange pas les trois matières au cours de la même semaine.

Il peut commencer l'année avec l'histoire, puis poursuivre par la géographie et terminer par l'éducation civique.

En histoire

Bienvenue dans la machine à remonter le temps ! Elle t'emmènera de l'ère du néolithique (9000 av. J.C. environ) jusqu'à la chute de l'Empire romain (476 ap. J. C.). En chemin, tu découvriras l'écriture, le pouvoir absolu des pharaons, les démocraties grecques, la République romaine... Tous ces voyages te permettront de répondre à la question : « Qu'est-ce qu'une civilisation ? », de réfléchir aux différentes formes du pouvoir politique et à la place de la religion dans la vie des hommes.

Les outils de l'apprenti historien

Des documents, des photos d'objets anciens, des peintures et des mosaïques, des cartes... et un vocabulaire précis.

Histoire des arts

Ce n'est pas une matière comme les autres. C'est un enseignement qui touche à plusieurs disciplines, par exemple le français, l'histoire, la musique, les arts plastiques. Tes professeurs se mettront d'accord pour aborder un sujet sous plusieurs angles. Si tu étudies *Le Médecin volant* en français, tu pourras aussi aller au théâtre voir une représentation d'une pièce de Molière, et au musée découvrir des peintures du XVIIe siècle représentant la médecine. Dans certains collèges, des professionnels (acteurs, peintres, écrivains...) viennent aussi dans les classes pour animer des ateliers et transmettre leur expérience. L'histoire des arts est abordée de la 6e à la 3e. Et durant l'année de 3e chaque élève doit préparer un dossier, qu'il présentera à l'oral à ses professeurs en fin d'année. La note obtenue est affectée d'un coefficient 2.

En géographie

Tu étudieras la vie des hommes sur la Terre : les aménagements qu'ils peuvent faire pour mieux y vivre et mettre en valeur leur territoire. En observant des photos de paysages aussi différents que le désert du Sahara, la mégalopole de Mexico ou le Groenland par exemple, tu découvriras la notion de milieux (froid, chaud...). Ainsi, tu arriveras à expliquer la présence ou l'absence d'hommes sur différentes parties de la Terre, et tu réfléchiras à la façon dont ils s'adaptent.

Les outils de l'apprenti géographe

Des croquis, des cartes avec leurs légendes, des photos de paysages, des documents à comparer.

Paroles de collégiens

Génial

« On a étudié l'Égypte, j'aime beaucoup ! Les pharaons, leurs croyances... c'est vraiment nouveau ! »
Akil

En éducation civique

Cette discipline occupera un peu moins de temps que les deux autres. Elle te donnera l'occasion de t'interroger sur le sens de l'école (mais oui, au fait : pourquoi aller au collège ?), sur le fonctionnement du collège et la vie dans un établissement scolaire. C'est aussi, souvent, lors des cours d'éducation civique que se déroulent les élections des délégués de classe. C'est l'occasion de réfléchir à la notion de « citoyenneté », aux droits et aux devoirs des élèves, et à ce qui permet la vie en collectivité (les règles, les élections, le respect et l'écoute des autres...).

ÉDUCATION PHYSIQUE

Objectif

D'abord, t'apprendre à te débrouiller dans l'eau si tu ne sais pas encore nager, ensuite te faire découvrir de nombreuses activités sportives. Enfin, participer à ton bien-être, car, quand on est bien dans son corps, on est souvent bien dans sa tête.

Ton atout

Durant les trajets jusqu'à la piscine ou au stade, tu pourras discuter avec le professeur. Une occasion de mieux le connaître.

L'originalité

Montagne, mer, ville ou campagne : selon l'endroit où tu vis, et selon les installations de ta commune, les cours d'EPS seront très différents.

Paroles de collégiens

Trop bien, l'escalade !

« Au premier trimestre, j'ai fait du rugby, c'était pas terrible, car les garçons nous passaient peu la balle ! Puis j'ai fait de l'escalade dans une salle, avec un mur d'escalade. Ça m'a beaucoup plu. On a appris à mettre le harnais, le baudrier, à s'assurer... On changeait de sports à toutes les vacances. »
Cécile

Ton bonus

Tu seras évalué(e) et noté(e) en fonction de ton niveau de départ, et des progrès que tu feras. Normal : ceux qui font du tennis de table depuis quatre ans ne peuvent pas être comparés à des débutants. Ta note proviendra de trois critères : le respect des règles, l'attitude en cours et les connaissances, la progression accomplie et la performance brute (par exemple, le temps en course, ou en natation). Plus juste, non ?

Tes activités

Variété au programme, mais natation pour tous ! À la fin de la 6e, tu seras capable de te sortir de n'importe quelle situation périlleuse : canoë retourné, voile tombée, obstacles sur l'eau... Et tu auras aussi découvert un sport collectif (basket, rugby, handball...), une activité artistique (danse, cirque, gym...), une activité athlétique (course, saut...), un sport de combat (lutte, judo...), un sport de raquette, et une activité en plein air (escalade, course d'orientation...) !

TECHNOLOGIE

Objectif

Comprendre les objets qui t'entourent, en découvrant quand, pourquoi et comment ils ont été fabriqués par l'homme. La techno te plongera dans la vie quotidienne et concrète : les moyens de transport, la consommation d'énergie, les objets fabriqués par l'homme...

Ton atout

La nouveauté ! Comme cette matière est nouvelle, tu pars à égalité avec les autres élèves. Si tu es curieux(se), ce sera passionnant. En plus, tu devras travailler en groupe.

Tes outils

Ton professeur te fournira différents documents, comme des notices d'emploi et des fiches techniques de produits à comparer. Il t'apprendra à utiliser certains logiciels sur l'ordinateur. Tu utiliseras aussi Internet pour chercher des informations.

Paroles de collégiens

C'est techno !
« La technologie, c'est une nouvelle matière, on travaille sur les objets techniques, c'est-à-dire créés ou modifiés par l'homme. On apprend aussi à allumer un ordinateur et à se créer une session, mais ça, tout le monde sait faire ! »
Arthur

Tes activités

Ton cours sera organisé autour d'un thème : les transports des personnes et des biens (les objets fabriqués, les marchandises).
Autour de ce thème, tu étudieras certains objets (par exemple, le vélo), les matériaux qui les composent, leur fonctionnement, leur valeur.
Tu pourras aussi aborder les notions de recyclage et de destruction des matériaux qui constituent un objet (caoutchouc, métal, etc.) et voir leur impact sur l'environnement.

ÉDUCATION MUSICALE

Objectif
Découvrir toute la richesse et la variété de la création musicale.

Ton atout
Une bulle de détente et de plaisir où tu peux exprimer ta sensibilité artistique.

L'originalité
Tu chanteras, écouteras, joueras, impossible de t'ennuyer !

Tu chantes
Après quelques exercices pour « chauffer » la voix, et quelques mouvements pour « tenir » le corps, place au chant. Poétiques, drôles, historiques : tu apprendras à interpréter des chansons françaises et étrangères en découvrant à quelles occasions elles ont été écrites.

Nous jouons
La flûte permet de pratiquer le solfège en assemblant des notes, en respectant un rythme. Certains professeurs disposent aussi de xylophones ou de carillons. Beaucoup travaillent les percussions corporelles : mains, pieds, corps, mais aussi les percussions instrumentales avec, par exemple, une batterie. Les élèves qui jouent d'un instrument (guitare, piano, batterie...) sont souvent appelés à participer pour enrichir le cours. Place à la création !

Vous écoutez
La musique, tu en entends sans doute tous les jours : rap, R&B, variétés... Alors, le professeur t'emmènera sur d'autres ondes, et tu sauras replacer les musiques dans leur époque : Moyen Âge, Renaissance, baroque, classique, romantique, musique du XXe siècle. Bon voyage !

Paroles de collégiens

Singing in English
« En musique, on a appris une chanson en anglais, une des Beatles. On a aussi appris la clé de sol, les gammes, les octaves... »
Julie

ARTS PLASTIQUES

Objectif

Tu fabriqueras différentes œuvres en utilisant le dessin, la peinture, mais peut-être aussi la photo, le collage ou la vidéo. Tu apprendras à travailler avec les autres, à participer au rangement de la salle. Au fil des cours, qui passeront très vite, tu aborderas certaines notions : la couleur, la lumière, la matière, l'espace (les limites de la feuille de dessin), le corps... Et tu découvriras les ressemblances et les différences entre les arts du passé et l'art contemporain. Ton professeur te fera peut-être découvrir les œuvres d'artistes célèbres comme les peintres Jean Dubuffet ou Picasso, ou bien Jean Tinguely qui a fait de surprenantes sculptures en mouvement.

Tes atouts

Ton esprit d'initiative, tes idées personnelles, ton dynamisme et ta capacité à travailler avec les autres seront les bienvenus au cours d'arts plastiques.

L'originalité

Les travaux et les œuvres que tu réaliseras seront basés sur un thème proposé par le professeur, à partir duquel tu inventeras une petite histoire que tu représenteras sur une feuille de dessin, en assemblant différents matériaux ou encore en prenant des photos...

Paroles de collégiens

Vive les artistes !
« Le premier jour on a écrit notre personnalité avec les lettres de notre prénom. Chaque lettre devait représenter une partie de nous. Une autre fois on a utilisé de l'encre de Chine, puis on a fait des dégradés de couleurs et on a travaillé en 3D. »
Max

Ton bonus

En dessinant, en peignant, en collant, en filmant (etc.), tu réfléchiras à l'écart qu'il y a entre la réalité et ses représentations : entre ce que l'on regarde (une pomme dans un arbre) et ce que l'on représente (le dessin d'une pomme dans un arbre). Cette différence qui peut te décevoir (« Oh, c'est pas ressemblant ! ... Oh, c'est pas beau ! ») correspond à ta signature personnelle. Et s'il y avait autant de façons de voir le monde et de le représenter qu'il y a de personnes ?

SCIENCES DE LA VIE ET DE LA TERRE

Objectif

Découvrir et comprendre ton environnement proche. Tu alterneras les semaines où tu auras une heure de SVT avec celles où tu en auras deux.

Ton atout

Des séquences en demi-groupe pour exercer ta curiosité et des « manip' » dignes des vrais scientifiques !

L'originalité

Si tu aimes les activités concrètes, partant de phénomènes observés dans la réalité, tu seras servi(e) ! En SVT, ton professeur privilégiera l'observation : que contient cette motte de terre rapportée d'une promenade en forêt ? Comment est faite cette pelure d'oignon, vue au microscope ?...

Une découverte en trois grandes étapes

1 • De quoi est composé ton environnement ?

L'un des premiers cours de SVT consiste souvent en une sortie « dans la nature », à la découverte de l'environnement de ton collège : campagne, forêt, mais aussi champs cultivés, parc aménagé ou... quartier en pleine ville. Cette sortie donne l'occasion de faire une collecte d'échantillons de sol, d'écorces ou de plantes que la classe pourra ensuite observer, trier, analyser.

Objectif

Cette première observation te permettra de distinguer les trois éléments qui composent ton environnement : les êtres vivants (ver de terre, par exemple), le monde minéral (sable ou cailloux), les éléments fabriqués par l'homme (les bancs de ta cour de récré). Tu arriveras à définir ce qui caractérise tous les êtres vivants : un être vivant naît, grandit, se nourrit, se reproduit et meurt. Enfin, tu découvriras les critères de classement des différents êtres vivants : ce qui distingue la poule du serpent, le chat de l'oiseau, le dauphin de la truite, le pissenlit du corail...

2 • Comment s'organise le monde vivant qui t'entoure ?

Une fois que tu auras une idée précise de la diversité et des caractéristiques des êtres vivants, tu pourras étudier leur façon de vivre. Là, tu aborderas – même si tu l'as peut-être déjà étudiée en primaire – la notion de chaîne alimentaire : les liens qui existent entre les êtres vivants.

Objectif

Tu apprendras à distinguer les producteurs primaires de matière (les végétaux) et les producteurs secondaires de matière (les animaux ou les hommes) qui consomment d'autres « produits » se nourrissant de végétaux, viande, etc. pour fabriquer leur propre matière (pour vivre).

3 • Comment les êtres vivants se maintiennent dans leur environnement ?

Cette partie du programme te donnera peut-être l'occasion de jouer au jardinier : tu pourras planter une graine de haricot ou de lentille pour observer ce qui se passe quand elle est privée de lumière et d'arrosage ; tu constateras comment elle se développe si elle bénéficie de la lumière, de l'arrosage et d'un peu de chaleur. Tu l'as compris, ce sera l'occasion de découvrir puis de définir le rôle de la graine chez les végétaux.

Objectif

À la fin de l'année, tu auras appris à travailler en vrai scientifique !

Le B... A... BA des sciences

Voici les étapes qui fondent toute démarche scientifique :

1) On observe

2) On émet des suppositions

En termes savants : on formule des hypothèses.

3) On fait des expériences

Pour confirmer ou infirmer ces hypothèses (pour y répondre par oui ou par non).

4) On conclut

Une méthode rigoureuse pour acquérir des connaissances solides !

Paroles de collégiens

Une grande sortie

« Pour l'un des premiers cours, nous sommes allés aux étangs de la Troussatière, près du collège. Nous avons trouvé des empreintes de sanglier, vu des canards colverts, des insectes... Puis nous avons dû faire un compte rendu par écrit. Une autre fois, nous avons regardé un morceau d'oignon au microscope. Ce cours me plaît car on fait des choses nouvelles. »
Cécile

LA 6e vue par Maxime et Juliette

L'an passé, Maxime et Juliette sont entrés au collège. Voici leur opinion et leurs conseils sur la 6e. Comme le dit Juliette, tu verras, « la 6e ça change, mais c'est pas la mort » !

Le truc bien

Juliette : « J'avais option théâtre. On a travaillé avec des professionnels pendant la première partie de l'année et on a fait un spectacle. L'autre moitié de l'année, on a travaillé avec la prof principale et on a joué une pièce devant la classe. J'ai l'impression que ça m'a rendue moins timide, ou alors peut-être est-ce parce que je grandis ? »

Maxime : « Dans mon collège, ce ne sont pas les élèves qui changent de classe, mais les professeurs. »

Les cours

Juliette : « Ça change par rapport au primaire car dans mon collège les cours se font avec un vidéoprojecteur : c'est bien ! »

Maxime : « Ce n'est pas si dur que ça, c'est beaucoup de révisions de CM2, on approfondit... On apprend aussi de nouvelles choses, car on a de nouvelles matières. »

Mon conseil

Maxime : « Faire attention à ne pas trop bavarder : gare aux heures de colle, ou aux croix de bavardage ! »

Juliette : « Il faut s'investir, ne pas traîner tous les week-ends. Un peu d'organisation et c'est dans la poche ! »

Les devoirs

Juliette : « Il y a des profs qui ne donnent aucun devoir et d'autres qui en donnent beaucoup. En français, ma prof en donne énormément, soit des rédactions, soit des exercices de grammaire, soit des leçons à apprendre. On a aussi pas mal de livres à lire, avec des résumés à faire… »

Maxime : « Les professeurs donnent souvent les devoirs en avance. Je fais en sorte que ça ne prenne pas plus de deux heures le samedi et deux heures le dimanche. Le dimanche, c'était des révisions pour les contrôles, le samedi, c'était les exercices. Faut pas faire tout d'un coup, sinon on s'épuise ! »

L'organisation

Juliette : « L'agenda, c'est simple à utiliser, mais les professeurs donnent souvent les devoirs après la sonnerie du cours, quand tout le monde est en train de s'en aller, donc parfois il m'est arrivé de ne pas les noter. Ce serait bien qu'ils les donnent avant la sonnerie ! On peut retrouver les devoirs sur l'espace Internet, mais tous les profs ne les mettent pas. »

Maxime : « On avait l'étude encadrée pour mieux travailler le soir à la maison. Le professeur nous a expliqué comment nous organiser, pour pouvoir travailler plus vite et avoir plus de temps pour jouer. »

Les profs

Maxime : « Au primaire, je trouvais que c'était mieux d'en avoir un seul, mais l'avantage au collège, c'est que, s'il y a un prof que tu n'aimes pas, tu ne l'as pas tout le temps ! »

Juliette : « À l'école primaire, j'ai eu des maîtres et maîtresses que j'aimais beaucoup, donc là ça fait bizarre, parce qu'on a beaucoup de profs, et ils ne sont pas tous gentils. Mais on se rattrape avec ceux qui sont les plus sympas ! »

Méga TEST

Tes PARENTS et TOI, ça fonctionne ?

Voici deux tests, l'un pour toi, l'autre pour tes parents. Laisse passer les premières semaines de la rentrée et fais le premier. Propose ensuite à l'un de tes parents de répondre au second. Commentez ensemble vos résultats. Vous découvrirez que, question travail et apprentissage, chacun fonctionne à sa manière, et que l'autonomie aussi, ça s'apprend !

QU'EST-CE QUE C'EST QUE CES RÉSULTATS ?!
TEST
ALLEZ DANS VOTRE CHAMBRE ! VOUS ÊTES PRIVÉS DE TÉLÉ !!

Quel collégien(ne) es-tu ?

Pour chaque question, choisis et entoure une seule réponse.

1. Comment organises-tu ton temps de travail à la maison ?

a) Il faut que quelqu'un soit là pour que tu arrives réellement à travailler.
b) Tu travailles en temps limité, afin de pouvoir pratiquer ton loisir favori.
c) Tu y passes beaucoup de temps ; et quand on te dit de te dépêcher, tu bâcles.

2. Ton coin travail...

a) Ton bureau est organisé à ta manière, et tu t'y retrouves.
b) Ce sont tes parents qui ont installé ton coin travail et qui t'incitent régulièrement à le ranger.
c) Tu n'as pas vraiment de coin travail : tes parents t'installent à côté d'eux.

3. Comment t'y prends-tu ?

a) Quand tu recherches quelque chose de précis dans un cours, tu es obligé(e) de tout relire pour le retrouver.
b) Surtout il ne faut pas que quoi que ce soit te dérange ou te perturbe, sinon tu ne peux pas te concentrer à nouveau.
c) Tu organises ton temps de travail pour être sûr(e) d'avoir tout fait sans paniquer au dernier moment.

4. Lorsqu'un professeur te rend un contrôle...

a) Ce qui t'intéresse, c'est la note.
b) Tu essaies de repérer tes erreurs et de comprendre pourquoi tu les as faites.
c) Tu penses que le sujet était trop difficile et que le professeur écrit toujours la même chose sur les copies.

5. Pour apprendre une leçon...

a) Tu essaies de te rappeler ce qui a été dit ou vu en cours, tu vérifieras et tu compléteras après en reprenant ton livre ou ton cahier.
b) Tu la répètes dix fois, après tu as l'impression de la savoir, mais le lendemain tu n'en es plus très sûr(e).
c) Tu demandes à tes parents de te la faire réciter.

6. Comment sais-tu que tu sais ta leçon ?

a) Quand tu l'as apprise par cœur.
b) Quand tu es capable de répondre aux questions que pourrait poser le professeur.
c) Quand tu es capable de refaire les exercices du cours.

7. Quand tu lis un énoncé…

a) Tu le lis d'abord en entier et puis tu essaies de réfléchir.
b) Tu es inquiet(e) à l'idée de ne pas le comprendre, c'est un soulagement lorsque tu trouves des mots familiers.
c) Tu essaies de reformuler la question posée.

8. En rédaction…

a) Tu démarres tout de suite sur ta première idée.
b) Tu cherches le plus d'idées possible.
c) Tu passes du temps pour chercher à comprendre le sujet avant de commencer.

9. De quoi te sens-tu capable ? (réponds par oui ou par non)

- De repasser dans ta tête une journée à l'envers :
☐ oui ☐ non
- De mémoriser un code en quelques minutes et d'en être sûr(e) :
☐ oui ☐ non
- De disposer, au moins, de deux moyens bien à toi de ne pas laisser passer de fautes d'orthographe :
☐ oui ☐ non
- Quand tu n'as pas compris ce que dit l'enseignant, de savoir poser les questions qui l'amèneront à expliquer autrement :
☐ oui ☐ non
- D'oser lui poser ces questions :
☐ oui ☐ non

TEST

Entoure les réponses qui te correspondent

	a	b	c
1	●	■	▲
2	■	▲	● ●
3	▲	●	■ ■
4	▲	■	●
5	■	●	▲
6	●	■	▲
7	▲	● ●	■
8	●	▲	■
9	0 OU 1 OUI ●	2 OU 3 OUI ▲	+ DE 4 OUI ■

Combien as-tu obtenu en tout ?

de ● : 3 4
de ▲ : 3 ~~8~~ 7
de ■ : 3 2

Totem :

● : poussin
▲ : kangourou junior
■ : lionceau

Ton symbole dominant :

Résultats page 66

Quel parent êtes-vous ?

Pour chaque question, choisissez et entourez une seule réponse (la plus proche ou la moins éloignée) de votre attitude habituelle.

1. Il (elle) ne sait pas encore très bien gérer son temps…

a) Vous intervenez régulièrement pour le (la) secouer ou le (la) mettre au travail.
b) Vous parlez ensemble de la manière dont vous vous organisez l'un et l'autre.
c) Vous l'incitez à planifier son travail, mais il (elle) vous envoie « balader ».

2. Les aspects pratiques…

a) Vous devez admettre qu'il (elle) s'y retrouve, même si vous ne voyez pas comment il (elle) peut faire.
b) Vous l'aidez à remplir et à suivre son cahier de textes.
c) Tous les soirs vous voyez avec lui (elle) ce qu'il (elle) a à faire, à apprendre, etc.

3. Comment vous y prenez-vous ?

a) Toutes les demi-heures, vous lui demandez de venir vous montrer ce qu'il (elle) a fait.
b) En cas de panne, il (elle) sait que vous êtes là.
c) Lorsque vous lui expliquez quelque chose, vous supportez mal qu'il (elle) ne comprenne pas.

4. Les professeurs…

a) Ils ne le (la) comprennent pas.
b) Ils ne vous renvoient pas de lui (d'elle) la même image que celle qu'il (elle) donne à la maison.
c) Ils ont des exigences que vous l'aidez à décrypter.

5. Le travail à la maison…

a) Cela n'en finit pas et vous êtes obligé(e) de lui donner un coup de main pour qu'il (elle) arrive à « boucler ».
b) Il (elle) s'enferme dans sa chambre, mais vous contrôlez régulièrement ce qu'il (elle) fait.
c) Vous êtes sa « personne ressource » quand il (elle) en a besoin.

6. Les leçons…

a) Il (elle) vous les récite sans difficulté, mais, quand le professeur l'interroge, il (elle) semble avoir tout oublié.
b) Vous cherchez ensemble le meilleur moyen (par exemple, mnémotechnique) pour qu'il (elle) soit sûr(e) de ce qu'il (elle) retient.
c) Manifestement, il (elle) n'a pas besoin de vous.

7. La lecture

a) Vous l'incitez le plus possible à lire.
b) Il (elle) lit des trucs idiots qui ne lui apprennent rien.
c) Vous parlez souvent ensemble de ce que vous lisez l'un et l'autre.

8. Cette année, vous allez...

a) L'aider régulièrement à faire le point sur son travail en parlant avec lui (elle) des points positifs et des lacunes à combler.
b) Surveiller de très près ses notes.
c) Aller voir les professeurs pour leur expliquer ses difficultés.

9) Vous vous sentez capable de...(répondez par oui ou par non)

• Le (la) laisser prendre seul(e) le bus ou le métro :
❑ oui ❑ non
• Lui donner en toute confiance une liste de choses à faire, il (elle) n'en aura oublié aucune :
❑ oui ❑ non
• L'amener à choisir ses programmes de télévision :
❑ oui ❑ non
• Définir avec lui (elle) trois domaines concrets dans lesquels il (elle) devra prendre ses responsabilités :
❑ oui ❑ non
• Lui laisser du temps sans planifier tous ses loisirs :
❑ oui ❑ non

TEST

Entourez les réponses qui vous correspondent

	a	b	c
1	●	▲	■
2	■	●	● ●
3	●	■	▲
4	●	▲	■
5	●	▲	■
6	●	▲	■
7	●	▲	■
8	●	▲	■
9	0 OU 1 OUI ●	2 OU 3 OUI ▲	+ DE 4 OUI ■

Combien avez-vous obtenu en tout ?

de ● :
de ▲ :
de ■ :

Totem :

● : poussin
▲ : kangourou junior
■ : lionceau

Votre symbole dominant :

Résultats page 67

Résultats

Commentaires collégiens

Symbole dominant ● : totem poussin

Tu as conscience de ne pas posséder une vraie méthode de travail, et tu as encore besoin d'aide concrète. Petit à petit, en essayant plusieurs manières de faire, tu trouveras celle qui te convient. Lorsque tu maîtriseras mieux ta façon de travailler, tu auras de meilleurs résultats en allant plus vite. Pour faire évoluer tes habitudes, commence par te poser cette simple question : comment t'y prends-tu quand tu travailles de manière efficace ?

Symbole dominant ▲ : totem kangourou junior

Tu commences à vouloir adopter des méthodes bien à toi, même si elles ne sont pas toujours au point. Quand tu as conscience de piétiner, demande conseil à tes professeurs ou à tes parents, souvent un avis extérieur déclenche de bonnes idées. Continue à t'organiser, et tu verras comme travailler devient plus facile.

Symbole dominant ■ : totem lionceau

Assez autonome (ce qui ne va pas sans quelques discussions familiales), tu travailles de manière économique et réfléchie. Tu sais t'organiser, et cela t'aidera beaucoup à réussir au collège et au lycée. Tes méthodes de travail te sont personnelles (c'est pour cela qu'elles te conviennent), cela n'interdit pas les échanges sur ce sujet avec tes professeurs (pour trouver de nouvelles idées) et avec tes parents (parce que c'est un bon sujet de dialogue avec eux).

Commentaires parents

Symbole dominant ● : totem poule

Vous le (la) couvez, vous le (la) protégez, vous le (la) surveillez et, si nécessaire, lui apportez une aide concrète. Comme vous avez l'impression que ses méthodes de travail sont informes, vous essayez de lui apporter les vôtres. Tout va bien s'il (elle) est « poussin » parce qu'il (elle) a encore besoin d'indications régulières et de soutien : essayez de lâcher progressivement la bride cette année (ne le faites surtout pas brutalement et encore moins en lui donnant l'impression que vous vous désintéressez de son travail). En revanche, s'il (elle) est plutôt « kangourou junior », voire « lionceau », les conflits ne sont pas loin. Vous gagnerez à nuancer votre position : moins de contrôle, davantage de dialogue, moins d'interventions sur le contenu et la forme de son travail, davantage sur les objectifs.

Symbole dominant ▲ : totem kangourou

Votre position est intermédiaire, car vous essayez de vous adapter tant bien que mal à l'âge critique de l'adolescence : à la fois vous avez hâte que « le petit sorte de la poche » et vous ressentez encore le besoin de le (la) suivre de près. Cet équilibre délicat est affaire de patience mais aussi d'une vue claire des buts à atteindre. Comme c'est à vous de prendre des initiatives et de montrer l'exemple, manifestez clairement cette année que vous admettez qu'il (elle) ait sa propre personnalité intellectuelle, mais aussi que vous pouvez l'aider à la construire.

Symbole dominant ■ : totem lion (lionne)

Vous estimez que votre rôle de parent doit surtout consister à apprendre à votre enfant à se diriger dans la vie : vous n'intervenez plus en ce qui concerne les détails du travail scolaire, vous lui faites confiance et exigez de lui une autonomie croissante. Bien sûr, vous êtes là en cas de problème, mais vous essayez surtout d'établir un dialogue.
N'hésitez plus cependant à revenir à une aide plus immédiate si votre enfant en manifeste vraiment le besoin (par exemple, s'il est encore « poussin »). Chaque enfant mûrit à son rythme, avec des avancées et de brusques replis. Il est cependant probable que la force de votre exemple, et votre sérénité face aux mille aléas d'un parcours scolaire, lui permettront d'affirmer plus vite et mieux sa personnalité.

Test conçu par Françoise Brissard

Le CALENDRIER de l'année

Année tranquille, la 6e ? Pas si sûr ! Entre les réunions parents-professeurs, les conseils de classe et les manifestations auxquelles tu participeras peut-être, tu peux devenir un collégien-citoyen très actif !

PREMIER TRIMESTRE

SEPTEMBRE 2015

Rentrée scolaire des élèves

Es-tu prêt ? Souvent, les collèges réservent une demi-journée pour prendre le temps de bien accueillir les élèves de 6e : visite des lieux, présentation de l'emploi du temps, feuilles administratives à remplir, et premiers conseils pour bien s'organiser.

26 : Pyramide de chaussures

Manifestation organisée par l'association Handicap International pour protester contre les mines antipersonnel. Ces explosifs enfouis dans le sol font chaque année des milliers de victimes. Ta ville y participe peut-être, renseigne-toi sur **handicap-international.org**

ANNIVERSAIRES ET FÊTES À SOUHAITER :

....

....

....

....

....

RENDEZ-VOUS À NE PAS RATER :

....

....

....

....

....

OCTOBRE 2015

Élections des délégués de classe

Si tu es intéressé(e) demande au CDI le livre *Délégué Flash*. Certains collèges organisent des formations pour les délégués.

Élections des délégués parents

Réunion de semi-trimestre

De plus en plus de collèges organisent une rencontre parents-professeurs après quelques semaines de cours afin de faire le point sur le début d'année.

17 : Journée internationale pour l'élimination de la pauvreté

Sais-tu que 2,8 milliards de personnes dans le monde vivent avec moins de 2 dollars par jour ?

31 : HALLOWEEN

Du faux sang… d'horribles cicatrices sur le visage… des ongles noirs crochus… Tu as l'embarras du choix pour faire peur à tes parents et fêter Halloween avec tes copains !

ANNIVERSAIRES ET FÊTES À SOUHAITER :

....

....

....

....

....

RENDEZ-VOUS À NE PAS RATER :

....

....

....

....

....

NOVEMBRE 2015

11 : Anniversaire de l'armistice du 11 novembre 1918,

marquant la fin de la Première Guerre mondiale.

Courant novembre :

Opération 1000 chercheurs dans les écoles

Tu aimes les sciences ? Et si tu proposais à ton prof de SVT d'inviter un scientifique dans ta classe ? Plus d'infos sur **www.afm-telethon.fr**

13 : Journée mondiale de la gentillesse

Ça ne peut faire de mal à personne, hein ?

3e semaine de novembre :

Semaine de la solidarité internationale

Pour apprendre à consommer plus juste et permettre ainsi à de petits producteurs de cacao, oranges, T-shirts, etc. de mieux vivre de leur travail.
Plus d'infos sur **www.lasemaine.org**

20 : Journée internationale des droits de l'enfant

Plus d'infos sur **www.unicef.fr**

ANNIVERSAIRES ET FÊTES
À SOUHAITER :

....
....
....
....
....

RENDEZ-VOUS À NE PAS RATER :

....
....
....
....
....

DÉCEMBRE 2015

1er : Journée mondiale de lutte contre le sida

1er week-end de décembre :
Téléthon
Journées de collecte de dons pour la recherche contre les maladies génétiques.
Plus d'infos sur **www.afm-telethon.fr**

Premier conseil de classe
Les professeurs font le point sur le trimestre. Assistent aussi à cette réunion : les deux délégués de classe, les délégués des parents, le principal (ou le directeur, ou son représentant). À la suite du conseil, ton bulletin de notes rempli par tous tes profs sera envoyé à tes parents.

Tous les collégiens de France sont en vacances en même temps.

VIVE LES VACANCES À NOËL !

ANNIVERSAIRES ET FÊTES
À SOUHAITER :

....
....
....
....
....

RENDEZ-VOUS À NE PAS RATER :

....
....
....
....
....

DEUXIÈME TRIMESTRE

JANVIER 2016

BONNE ANNÉE !

Opération pièces jaunes
Dans ta classe ou chez toi tu peux confectionner une tirelire où déposer des petites pièces de monnaie. Début février, tu remets la boîte à la poste et l'argent récolté permet d'améliorer la vie des enfants hospitalisés. Plus d'infos sur
www.fondationhopitaux.fr

Campagne de solidarité et de citoyenneté de la Jeunesse au plein air

En France, près de 3 millions d'enfants de 6 à 19 ans ne partent pas en vacances. La collecte d'argent a pour objectif de permettre à des enfants de partir en classes vertes, classes de découverte ou colonies. Plus d'infos sur **www.jpa.asso.fr**

27 : Journée de la mémoire de l'Holocauste et de la prévention des crimes contre l'humanité

ANNIVERSAIRES ET FÊTES À SOUHAITER :

....

....

....

....

....

RENDEZ-VOUS À NE PAS RATER :

....

....

....

....

....

FÉVRIER 2016

15 JOURS DE VACANCES D'HIVER !

6-7-8 : Journées sans téléphone mobile

Cap ou pas cap ?

14 : Saint-Valentin

Une petite fête qui monte !

ANNIVERSAIRES ET FÊTES À SOUHAITER :

....

....

....

....

....

RENDEZ-VOUS À NE PAS RATER :

....

....

....

....

....

TROISIÈME TRIMESTRE

MARS 2016

6 : Fête des Grands-Mères

N'oublie pas !

8 : Journée mondiale des droits de la femme

Sais-tu que 65 millions de filles ne vont pas à l'école dans le monde ?

Vers mi-mars :
2e réunion parents-professeurs

2e quinzaine de mars :
2e conseil de classe

20 : Journée du bonheur
Qu'est-ce qu'on attend pour être heureux ?!

Semaine de la presse à l'école
Des journaux et des magazines seront disponibles dans ton CDI si ton collège participe à l'opération.
Plus d'infos sur : **www.clemi.org**

27 : journée nationale du sommeil
Sais-tu que tu as besoin de 10 heures de sommeil par nuit pour que ton cerveau tourne bien ?

28 : Une heure pour la planète
Il s'agit de rester dans le noir entre 20 h 30 et 21 h 30, afin de soutenir la lutte contre la pollution due aux gaz à effet de serre.

ANNIVERSAIRES ET FÊTES À SOUHAITER :

....
....
....
....
....

RENDEZ-VOUS À NE PAS RATER :

....
....
....
....
....

AVRIL 2016

1er :
POISSON D'AVRIL !

Début avril : Sidaction
Peut-être que ton collège mènera une action pour collecter de l'argent pour la recherche contre le virus du sida.

22 : Journée mondiale de la Terre
Demande à voir le DVD de *Home*, un superbe documentaire de Yann Artus-Bertrand sur notre planète en danger.

ANNIVERSAIRES ET FÊTES À SOUHAITER :

....
....
....
....
....

RENDEZ-VOUS À NE PAS RATER :

....
....
....
....
....

MAI 2016

8 : Anniversaire de la fin de la Seconde Guerre mondiale (8 mai 1945)

9 : Journée de l'Europe à l'école

En mémoire de la déclaration de Schuman, considéré comme le « père de l'Europe » et dont le discours symbolise l'acte de naissance de l'Union européenne.

Fin mai : Fête des voisins

Il n'est jamais trop tard pour faire mieux connaissance, non ?

29 : Fête des Mères

Penses-y !

ANNIVERSAIRES ET FÊTES À SOUHAITER :

....
....
....
....
....

RENDEZ-VOUS À NE PAS RATER :

....
....
....
....
....

JUIN 2016

Avant mi-juin : 3e conseil de classe

Tu devras avoir choisi si tu feras (ou pas) du latin en 5e.

19 : 3 semaines après la fête des Mères…

N'oublie pas ton **père** pas de jaloux !

Fête de la musique

À toi de jouer ! Tout le programme sur **www.fetedelamusique.culture.fr**

ANNIVERSAIRES ET FÊTES À SOUHAITER :

....
....
....
....
....

RENDEZ-VOUS À NE PAS RATER :

....
....
....
....
....

VIVE LES VACANCES D'ÉTÉ !

Pour connaître les dates des vacances scolaires, va sur le site du ministère de l'Éducation nationale : **education.gouv.fr**, tape « vacances scolaires » dans son moteur de recherche (en haut à droite).

Les 5 clés de ta RÉUSSITE

1 Un max de CONFIANCE : zéro de stress

Plus dur que le CM2, la 6e ? C'est ce que les « grands » de 5e ou de 3e voudraient te faire croire ! Dis-toi que si tu es arrivé(e) là, c'est que tu en es capable. Te rappeler que les professeurs, ton travail, tes connaissances vont t'y aider, c'est la meilleure attitude à adopter. Tu stresses un peu ? C'est normal ! Le « bon » stress donne de l'énergie pour redoubler d'efforts.

2 Tes oreilles grandes OUVERTES en cours

Eh oui, tes oreilles servent à écouter ! Mais pas les racontars des grands de 3e qui cherchent à t'impressionner... Tes oreilles sont tes meilleurs atouts en cours. En classe, sois présent(e) à 100 %. N'y finis pas tes beaux rêves de la nuit. Un cours bien suivi est déjà à moitié appris !

Idée + : évite d'avoir trop de choses sur ton bureau, garde seulement ton cahier (ou ton classeur) et le manuel demandé par le professeur.

3 Des ALLIÉS bien utilisés

Le premier ? Ton agenda, où tu notes devoirs et leçons pour la semaine suivante. Avant de te mettre à travailler chez toi, lis-le attentivement.
Le deuxième ? Ton emploi du temps affiché au-dessus de ton bureau. Il te sert à vérifier si tu n'as rien oublié de faire pour le lendemain.
Idée + : feuillette toujours ton agenda jusqu'à la semaine suivante. Indique sur ton emploi du temps tes activités sportives ou artistiques en dehors du collège : tu verras mieux le temps dont tu disposes pour étudier et... rêver.

4 Une MÉMOIRE entraînée

Si l'on ne s'en sert pas, notre mémoire s'use ! Ce qu'elle adore, c'est la répétition. Ce qu'elle déteste ? Le par-cœur la veille d'un contrôle. Là, c'est oubli 100 % garanti !
Idée + : une gym mémoire régulière. Exemple : contrôle en vue vendredi 30 septembre ? Vendredi 23 au soir : tu relis tranquillement le cours du jour dans ton cahier. Samedi 24, dimanche 25 : repos. Lundi 26 : tu relis ton cours et en apprends une partie. Mercredi 28 : tu relis encore et apprends l'autre partie. Jeudi 29 : tu relis et te récites la totalité. Vendredi 30 : contrôle. Ta mémoire fonctionne à plein régime. Essaie !

5 Des ÉLANS de curiosité

Imaginer des questions à poser lors du prochain cours d'anglais ; demander à la documentaliste un magazine sur les dauphins ou les pyramides ; interroger tes parents ou tes grands-parents sur l'actualité ou leur raconter ce que tu as étudié en cours ; tisser des liens entre ce que tu apprends au collège et ce qui se passe autour de toi – tout cela rend ton travail plus intéressant.
Idée + : fais-toi un carnet de bord où tu notes les grands événements de ta vie, du collège ou du monde...

Ton PROGRAMME 100 % ÉNERGIE !

Grandir, apprendre, s'amuser, sortir, ça demande une vraie énergie. D'où vient ton énergie ? D'un savant équilibre entre alimentation, sommeil et activités physiques. Sans t'en rendre compte, c'est toi qui pilotes tout ça. Alors, avant de partir à la conquête de la 6e, vérification du moteur !

Ton organisme a besoin de se dépenser et ta tête de s'aérer. Une heure par jour d'activité physique en moyenne, voilà ce qui lui fait du bien.

VRAI

Tu as de la chance, en 6e tu as beaucoup d'heures de sport. Le week-end et les jours où tu n'en as pas, pense aussi à te dégourdir les jambes !

À tous tes repas, tu peux manger des fruits et des légumes, sous toutes leurs formes (crus, cuits, en purée, en compote, en gratin...).

VRAI

Les fruits et légumes sont bourrés de vitamines, de minéraux, qui sont indispensables et protègent ta santé. N'hésite pas à en manger aussi en cas de petit creux.

Comme tu grandis, tu peux te contenter de huit heures de sommeil par nuit.

FAUX

Tu as besoin d'au moins 9 heures de sommeil par nuit. Des difficultés d'attention la journée et de mémorisation (la mémoire travaille la nuit) peuvent provenir d'un manque de sommeil.

Le pain, les pâtes, le riz, les patates, les lentilles... tout ça fait grossir, alors autant éviter d'en manger.

FAUX

Ces aliments font partie de la famille des féculents (comme les autres céréales et tous les légumes secs). Ils fournissent l'énergie dont ton cerveau et tes muscles ont besoin pour fonctionner.

Tu peux manger du lait, du fromage ou des yaourts à tous les repas.
VRAI
Le calcium contenu dans tous les laitages est indispensable à la croissance et à la solidité de tes os. De plus, si ta puberté n'a pas commencé, elle va bientôt arriver et, avec elle, une phase de croissance importante !

Il n'est pas obligatoire de manger de la viande, du poisson ou des œufs à chaque repas.
VRAI
L'important est d'en manger une fois par jour. Ces aliments t'apportent des protéines, des substances qui nourrissent et entretiennent ta peau, des organes importants comme le cœur et le cerveau, et tes muscles. Ils contiennent aussi du fer, la meilleure arme antifatigue.

Comme tu es en période de croissance (ou que tu vas y entrer), tu peux manger à volonté des produits sucrés.
FAUX
Tu adores ça, et ça se comprend ! Mais les barres chocolatées, sodas, glaces et autres viennoiseries sont à la fois très sucrés et gras... Absolument pas nécessaires à ton équilibre alimentaire, ils peuvent aussi provoquer des caries. Savoure-les de temps en temps, le week-end ou après une compét' de sport !

Bonnes QUESTIONS BONNES réponses !

Tu adores le sucre, comment résister ?

-> Demande à tes parents de ne pas acheter trop de gâteaux, de crèmes desserts et de glaces pour éviter les tentations !
-> Entre une tarte aux fruits et un gâteau à la crème, choisis la première solution.
-> Bois plutôt une eau pétillante ou un jus de fruits sans sucre ajouté à la place des sodas.
-> Méfie-toi des aliments « allégés en sucre », ils sont souvent plus gras et entretiennent le goût du sucre.

Tu te trouves trop petit(e), trop maigre ?

-> Ta croissance n'a pas encore commencé, en attendant mange de tout en quantité raisonnable, n'oublie pas les féculents, les fruits et les légumes.
-> Choisis un sport complet qui développe l'ensemble des muscles comme la natation, l'athlétisme, l'aviron...
-> Ne te jette pas sur les aliments sucrés, ils ne développent pas les muscles et ne font pas grandir.

Tu as tout le temps envie de manger ?

-> Peut-être ne manges-tu pas assez pendant les repas ? À table, ne boude pas les légumes, les féculents, les fruits car ils calment bien la faim.
-> Avant de grignoter, quand tu es seul(e) et que tu penses avoir faim, demande-toi : « Est-ce que j'ai vraiment faim ? » La réponse est souvent « non ». En fait, on croit avoir faim alors qu'on est stressé ou qu'on s'ennuie. Appelle plutôt un copain ou va faire un petit tour dehors, ou bois un grand verre d'eau...

Tu n'aimes pas faire du sport ?

- > Tu as plein d'autres solutions pour te bouger. Si tu habites dans un immeuble, oublie l'ascenseur et monte à pied !
-> Tu as un chien ? Propose-lui chaque soir de faire le tour du pâté de maisons en courant.
-> Le week-end, propose à ton frère, ta sœur ou des copains d'aller à la piscine.
-> Rollers, vélo, trottinette, skate... il y a plein de façons de se dépenser !

Tu te trouves trop gros(se) ?

-> Regarde ta courbe de poids et de taille dans ton carnet de santé : si tu es dans la zone moyenne, tu n'es pas en surpoids ! Mange moins de choses sucrées, bois plus d'eau ou de lait, et bouge plus tous les jours.
-> Tu as du mal à courir, tu t'essouffles vite, tu ne te sens pas bien dans ton corps ? Demande à voir ton médecin. Il t'aidera à mieux choisir les aliments qui sont bons pour toi.
-> Ne fais pas un régime tout(e) seul(e) : tu risquerais de t'affamer et de manquer de fer, de vitamines, donc d'être fatigué(e), et de grossir encore plus après.

Petites astuces grande FORME

Pas faim le matin ?

Bois un verre d'eau en te levant, puis fais ta toilette et habille-toi avant de petit-déjeuner : tu auras plus d'appétit !

Trop pressé pour le petit-déjeuner ?

Glisse dans ton sac un yaourt à boire, une pomme ou une banane, un morceau de pain et du fromage, des fruits secs (abricots, bananes séchées, noisettes...) pour éviter le coup de pompe et la baisse d'attention à partir de 10 h 30.

Petit creux à 11 heures ?

Emporte des biscuits secs ou un fruit. Ou choisis une barre chocolatée aux céréales complètes.

Coup de pompe à 17 heures ?

Du pain et des carrés de chocolat + un verre de lait ou un yaourt, il n'y a rien de mieux !

Demain, une compét de sport ?

La veille, mange comme les champions : une grande assiette de pâtes, un yaourt et des fruits. Le jour même, déjeune léger à midi et emporte un litre d'eau, des fruits secs, et du sucre pour ne pas manquer d'énergie.

Fan de hamburger et de frites ?

Plus on s'interdit ce qu'on aime, plus on risque de craquer ! Alors, oui au hamburger-frites une fois par semaine maximum ! Et le soir assure l'équilibre en faisant le plein de légumes et de fruits.

Les 10 FORCES qui te libéreront !

1 Pas trop tard le soir tu te coucheras,

pour avoir de 9 à 10 heures de sommeil. C'est prouvé : les élèves qui réussissent bien leurs études sont ceux qui dorment bien !

2 À aérer tes neurones et exercer tes muscles tu t'appliqueras.

Pratiquer du sport ou des activités physiques au moins deux fois par semaine, il n'y a rien de tel pour se sentir bien dans sa tête et dans son corps.

3 Ton corps en pleine croissance tu dorloteras.

À l'approche des bouleversements de la puberté, pas question de laisser tomber l'hygiène ou de manger n'importe quoi ! Pour se développer et se construire, ton organisme a besoin de briques solides : ni régime stupide ni trop de sucreries.

4 Des coups de main à tes parents régulièrement tu donneras.

Ainsi, l'ambiance à la maison sera « cool », ce qui t'évitera de gaspiller ton énergie en coups de colère et autres bouderies.

5 Du temps libre pour tes copains et copines tu réserveras.

C'est connu, rire, c'est bon pour le moral !

6 La nuit et pour faire tes devoirs, ton portable éteindre tu sauras.

Avec l'ordi ou la tablette tu sauras gérer ton temps, et tu allumeras la télé avec modération. D'abord les amis c'est vital, le sommeil (voir force n°1) et l'harmonie à la maison aussi ! Et puis, plus personne n'a envie de devenir un *couch potatoe* (une patate de canapé) comme disent les Américains !

7 Une activité hors du collège tu rechercheras.

Discussions à l'aumônerie, inventions de bricoleurs géniaux, création artistique, actions de solidarité. Se sentir utile et actif, ça fait tellement de bien !

8 Attentif aux nouvelles baskets de Martin, disponible pour l'exo d'Élodie tu te montreras...

Les petites attentions nourrissent l'amitié et embellissent la vie !

9 Des moments de rêverie, et même d'ennui, tu t'accorderas.

Reprendre son souffle, se retrouver, n'est-ce pas aussi une bonne façon d'apprécier encore plus ses loisirs et ses amis ?

10 Des récompenses tu t'offriras.

Se programmer une séance de ciné une fois le contrôle de maths révisé, se faire offrir une partie de bowling ou s'organiser une pyjama-party après les conseils de classe, ça donne des ailes pour travailler et ça permet de reconnaître les obstacles franchis. Top pour le moral !

Direction 5e - 4e - 3e

De la 6e à la 3e

Ton livret de compétences se remplira !

Ce livret est en quelque sorte une photocopie de ta scolarité. Chaque année, tes professeurs y inscrivent les compétences acquises. Cela concerne des savoir-faire dans les différentes matières (l'expression orale et écrite, en français et en langue étrangère, le calcul, le raisonnement, la réflexion...) mais aussi des capacités plus générales (la communication, l'autonomie, la responsabilité, l'utilisation d'Internet et de logiciels) qui feront de toi un(e) citoyen(ne). Ce livret doit aussi contenir les attestations de sécurité routière que tu passeras en 5e et en 3e, et la formation aux premiers secours.

En route vers la 5e : latin ou pas ?

Au cours du 3e trimestre de 6e, tu décideras (avec tes parents et tes professeurs) si tu fais du latin en 5e. D'accord, c'est une langue qu'on ne parle plus, mais, si tu aimes le français et l'histoire, n'hésite pas ! En cours de latin, tu découvriras l'histoire de Rome et la vie des Romains, la mythologie... Tu deviendras aussi meilleur(e) en grammaire et en vocabulaire, car de nombreux mots de notre langue viennent du latin.

En 5e

Une nouvelle matière : la physique-chimie

C'est un peu la cousine des maths et des sciences de la vie et de la Terre. Comme en SVT, tu feras des expériences et des observations, et ta capacité à réfléchir et à critiquer s'améliorera. Tu étudieras l'eau, l'électricité (en construisant des petits circuits), la lumière.

L'attestation de sécurité routière 1

Tous les élèves de 5e passent l'attestation scolaire de sécurité routière 1er niveau. C'est une sorte d'interro qui porte sur les principales règles de sécurité que doivent connaître les piétons, les cyclistes, les cyclomotoristes, les passagers d'une voiture... Si tu as dix bonnes réponses sur 20 questions, tu obtiendras l'ASSR 1. Cette attestation est indispensable si tu veux suivre la formation au brevet de sécurité routière, obligatoire pour conduire un scooter à partir de 14 ans.

Direction 5e - 4e - 3e

En route vers la 4e : espagnol, italien, allemand ?

Au cours du 3e trimestre de 5e, tu décideras (avec tes parents et tes professeurs) quelle seconde langue tu étudieras en 4e et en 3e. L'espagnol est appris par 72 % des collégiens, l'allemand par 15 %. Viennent ensuite le chinois, l'italien, l'arabe. L'allemand est la langue la plus parlée en Europe, l'espagnol, l'une des quatre langues les plus parlées dans le monde (avec le chinois mandarin, l'anglais, l'hindi).

En route vers la 3e : grec ou pas ?

Au cours du 3e trimestre de la classe de 4e, tu décideras si tu veux étudier le grec ancien en 3e. Pourquoi apprendre le grec ? Pour découvrir la civilisation de la Grèce antique, et les grands récits comme l'*Odyssée*, qui inspirent toujours les écrivains, les cinéastes, et les concepteurs de jeux vidéo. Le grec, comme le latin, permet aussi de mieux comprendre la langue française.

En 3e

L'attestation de sécurité routière 2

C'est la suite de l'ASSR de niveau 1. Elle te sera indispensable pour t'inscrire plus tard à la formation du BSR et à la préparation du permis de conduire. Pour l'obtenir, tu répondras à un grand questionnaire sur les règles de sécurité routière.

Sur la route du lycée

Cela te paraît encore très loin ! Durant l'année de 3e, tes professeurs te parleront de ton orientation. En fonction de tes goûts, de tes points forts et de tes points faibles (si tu en as !), tu commenceras à réfléchir à la suite de tes études : plus ou moins abstraites, plus ou moins scientifiques, plus ou moins longues... Alors, dès maintenant, sois curieux, pose des questions sur leurs métiers aux adultes que tu rencontres, interroge les gens qui étudient autour de toi...

En fin de 3e : le DNB

Le quoi ? Le diplôme national du brevet ! C'est ton premier examen. Il comprend des épreuves écrites et une épreuve orale. À l'écrit, tu auras une dictée, une rédaction et des questions de compréhension d'un texte en français, des exercices et un problème en maths, des questions en histoire-géographie-éducation civique. À l'oral, tu présenteras devant tes professeurs un dossier en histoire des arts. Pas d'inquiétude ! Tes notes de 4e et 3e comptent aussi, ainsi que toutes les compétences validées par tes professeurs et inscrites sur ton « livret personnel de compétences ». Petit bonus : à partir d'une moyenne de 12 sur 20, 14 sur 20 et 16 sur 20, tu pourras obtenir la mention : assez bien, bien ou très bien.

Ma BIBLI idéale

Pour t'évader, faire le plein d'émotions et de belles rencontres, voici une super sélection de livres. Laisse-toi emporter !

HISTOIRES D'AMITIÉ...

Kamo et l'agence Babel
de Daniel Pennac
(Folio junior)
Tu ne connais pas encore Kamo ? Lis vite ce livre, car Kamo, c'est le copain dont chacun rêve ! Il est imprévisible, délirant, génial et il mène l'enquête : c'est quoi, cette agence Babel et ce mystérieux correspondant anglais ? Tu ne vas pas t'ennuyer...

Tu as aimé : ☒ un peu
❑ beaucoup ❑ à la folie
❑ pas du tout

Amies sans frontière
de Hélène Montardre
(Rageot, coll. Cascade)
Laure est française, Moodame, thaïlandaise. Tout les sépare. Laure va au collège et suit la mode. Moodame travaille dans les champs et s'occupe de ses frères et sœurs. Et pourtant, dès leurs premières lettres, elles se comprennent.

Tu as aimé : ❑ un peu
❑ beaucoup ❑ à la folie
❑ pas du tout

HISTOIRE D'ENFANTS D'AILLEURS

Parvana, une enfance en Afghanistan
de Deborah Ellis
(Livre de poche jeunesse)
Parvana vit à Kaboul. Son père est emprisonné. Pour aider sa mère et essayer de faire vivre sa famille, elle n'a qu'une seule solution : se déguiser en garçon...

Tu as aimé : ❑ un peu
☒ beaucoup ❑ à la folie
❑ pas du tout

Le ballon d'or
de Yves Pinguilly *(Rageot)*
Bandian est guinéen et adore le football. Son rêve ? Devenir un grand footballeur. Sauf que, pour le moment, il n'a même pas un ballon en cuir pour s'entraîner. Va-t-il réussir ?

Tu as aimé : ❑ un peu
❑ beaucoup ☒ à la folie
❑ pas du tout

HISTOIRES FANTASTIQUES

La bibliothécaire
de Gudule
(Livre de poche jeunesse)
Une vieille dame qui écrit tous les soirs, une jeune fille qui ne sort que la nuit : Guillaume mène l'enquête et se lance dans un fantastique voyage au pays des livres...

Tu as aimé : ❑ un peu
❑ beaucoup ❑ à la folie
❑ pas du tout

Le manoir : Liam et la carte d'éternité (t.1)
d'Évelyne Brisou-Pellen
(Bayard Jeunesse)
Après une longue maladie, Liam est envoyé en convalescence au manoir. Mais tout l'inquiète dans cette vieille demeure, à commencer par les pensionnaires, plus étranges les uns que les autres. Il ne voit qu'une chose à faire : s'enfuir ! C'est alors qu'arrive Cléa...

Tu as aimé : ❑ un peu
❑ beaucoup ❑ à la folie
❑ pas du tout

HISTOIRES POLICIÈRES

La disparue de la 6e B
de Stéphanie Benson
(Syros, coll. Souris Noire)
Notre prof d'arts plastiques n'est-elle pas une sorcière ? C'est la question que se posent Rose et Katie lorsque l'une des élèves disparaît. Elles décident d'enquêter, prêtes à tout pour découvrir la vérité. Pas si simple quand on est ado !

Tu as aimé : ❑ un peu
❑ beaucoup ❑ à la folie
❑ pas du tout

HISTOIRES SUR L'HISTOIRE

La malédiction de la pierre de lune (t.1)
Florence
de Catherine Cuenca
(Gult Stream)
Carla reçoit de son amie Lean une pierre de lune aux pouvoirs magiques. La voici propulsée en plein mystère, entre présent et passé, dans l'histoire de Florence au XVe siècle. Elle côtoie les familles Médicis et Pazzi, s'interroge sur son histoire familiale. Facile à lire et captivant.

Tu as aimé : ❑ un peu
❑ beaucoup ❑ à la folie
❑ pas du tout

Le secret du papyrus
de Odile Weulersse
(Livre de poche jeunesse)
Pharaon charge Tétiki d'une importante mission : rapporter une pierre bleue très rare. Saura-t-il percer les secrets des peuples du désert et triompher de ce périlleux voyage ?

Tu as aimé : ❑ un peu
❑ beaucoup ❑ à la folie
❑ pas du tout

Les orangers de Versailles
d'Annie Pietri
(Bayard jeunesse)
Bienvenue à la cour de Louis XIV ! Marion, la fille du jardinier, a un don : elle sait créer des parfums. Cela lui vaut le privilège d'être introduite à la cour, mais aussi de découvrir qu'un complot se trame contre la Reine.

Tu as aimé : ❑ un peu
❑ beaucoup ❑ à la folie
❑ pas du tout

HISTOIRES POUR RIGOLER

Le journal d'un chat assassin
de Anne Fine
(École des loisirs, coll.Mouche)
Un chat qui tient un journal intime ? Eh oui, pauvre chat : ses maîtres ne comprennent rien à rien, et encore moins quand il leur rapporte des animaux morts. Ses ennuis ne font que commencer ! Tant mieux pour toi, tu n'as pas fini d'en rire...

Tu as aimé ❑ un peu
❑ beaucoup ❑ à la folie
❑ pas du tout

INTERNET, mon ami

Français

www.leconjugueur.com

Comment s'écrit le verbe « courir » au présent du conditionnel à la première personne du singulier ? Un doute ? Alors consulte sans tarder le site www.leconjugueur.com. Il te suffit de taper le verbe qui te pose un problème pour en obtenir la conjugaison complète : du présent de l'indicatif au... plus-que-parfait du subjonctif. Trop classe !

www.ladictee.fr

Tu veux progresser en orthographe ? Grâce à ce site, tu peux faire des dictées sans l'aide de tes parents ! Tu télécharges les dictées audio en MP3 et tu les corriges toi-même avec le texte. Pratique, non ? En plus, tu découvres des extraits de livres classiques (top pour ta culture !) et des astuces pour apprendre à bien te relire.

www.lirado.com

Tu aimes lire et tu cherches de bons conseils ? Sur ce site, tu en trouveras plein, classés par genre littéraire : fantastique, récit de vie, aventure... Avec en plus des interviews d'écrivains, et un forum pour discuter de tes livres préférés. Cool, non ?

Mathématiques

matoumatheux.ac-rennes.fr

Et si ce prof de maths devenait ton meilleur ami ? Ce matou matheux a plus d'un tour dans son sac pour t'aider à trouver les exercices qui te rendront plus fort. Calcul ? Géométrie ? Révisions de notions ? Il te suffit de cliquer !

www.jeuxmaths.fr

Ce site est une caverne d'Ali Baba pour amateurs de jeux... avec des chiffres, des nombres, des figures géométriques. Tu choisis ton type de jeu en fonction du niveau que tu souhaites (6e pour t'entraîner, 5e si tu veux te tester...), et du type d'exercices que tu veux faire. Et, si tu aimes les jeux de réflexion (sudoku, échecs, énigmes...), tu te sentiras au paradis !

www.maths-rometus.org

Un moteur de recherche te permet de trouver le point du programme que tu veux revoir. Chaque leçon est bien expliquée, avec des exemples et des applications. Mais ce n'est pas tout ! Ce site te propose de découvrir l'histoire des maths, l'histoire des mots, les coulisses des expressions... et c'est même possible de faire des maths en rap. T'es cap ?

Anglais

www.bbc.co.uk/education

Welcome sur le site de la BBC, la grande chaîne de télé britannique. Ici tu trouveras des exercices et des jeux tout en anglais, créés pour les collégiens du Royaume-Uni. Le niveau KS3 correspond aux 11-14 ans, mais, si tu manques de vocabulaire, explore le niveau KS1 ou KS2.

www.anglaisfacile.com

Tu recherches des cours d'anglais 100 % gratuits ? Ici, tu commences par tester ton niveau puis tu choisis tes cours, tes exercices, tes fiches de vocabulaire. Sans oublier des jeux en anglais. *Easy !*

Histoire

www.histoireguibo.net

Conçu par un professeur d'histoire-géographie, ce site t'emmène en voyage à travers les siècles. Commence par choisir ton niveau (6e par exemple), et découvre les notions de base et les résumés qui t'aideront à apprendre tes leçons et à les réviser.

Géographie

www.jeux-géographiques.com

Le site pour réviser (et améliorer !) ta connaissance des villes de France, des pays d'Europe et du monde entier ! Tu y trouveras de nombreuses cartes et des quiz interactifs : de quoi faire de grands progrès en t'amusant.

Éducation civique

www.junior.senat.fr

Bienvenue au sénat ! L'espace junior du site du Sénat te fait visiter le palais du Luxembourg, t'invite à suivre la journée d'un sénateur, te permet de faire des jeux et de répondre à des questionnaires.

www.assemblee-nationale.fr/juniors/

La partie junior du site de l'Assemblée nationale met à ta disposition une BD, une encyclopédie numérique, des leçons multimédias et un espace jeux. Te sens-tu une âme de député ?!

Sciences de la vie et de la Terre

www.monanneeaucollege.com

Tous les cours de SVT de la 6e à la 3e sont sur ce site. Et pour chaque cours, un résumé, et des exercices pour vérifier ce que tu as retenu. De quoi être incollable !

www.vivelessvt.com

Tu choisis le sujet qui t'intéresse dans la colonne de gauche et tu as à ta disposition le chapitre correspondant, avec des documents, des schémas et des questionnaires. Les notions compliquées sont explorées grâce à des jeux et des énigmes.

Technologie

technologieaucollege.free.fr

Toutes les notions de ton année sont présentées avec des illustrations et des vidéos. Tu as aussi accès à un livret de compétences, très utile pour savoir ce que ton prof attend de toi.

Arts plastiques

www.crdp-strasbourg.fr/histarts

Beaucoup d'animations et de jeux pédagogiques illlustrent la totalité de ton programme. Un site magnifique !

Musique

http://k.music.free.fr

Prêt(e) pour une visite guidée à travers les genres musicaux et leur histoire ? Grâce à ce site, tu peux retrouver tous tes cours de 6e (ceux des autres classes du collège aussi). Clique sur les vidéos, et laisse-toi surprendre !

et aussi...

www.ado.justice.gouv.fr

Comment fonctionne la justice pour les adolescents et les enfants ? Quels sont leurs droits ? Ce site te donnera plein d'infos. Prends le temps d'aller voir les fiches « questions/réponses » et explore les 5 situations qui sont présentées : divorce, racket, abus sexuel, vol et témoignages de mineurs. Très instructif !

www.droitsenfant.fr

Si tu veux connaître tes droits, en France ou ailleurs, va sur ce site. Tu t'informeras sur l'histoire des droits des enfants et tu pourras lire les textes importants à ce sujet.

www.1jour1actu.com

Pour comprendre l'actualité en France et dans le monde : des dossiers très bien faits et des infos insolites.

Mes bonnes adresses

POUR TA SANTÉ ET TON MORAL

Fil santé jeunes :

0 800 235 236
www.filsantejeunes.com
Une équipe de professionnels est à ton écoute, et sur le site plein d'infos sur ta santé, des forums, des adresses utiles...

Jeunes violence écoute :

0 808 807 700
www.jeunesviolencesecoute.fr
Des professionnels au bout du fil pour t'écouter et te conseiller sur la meilleure attitude à adopter et sur les démarches à engager. Pour les jeunes et pour leurs parents.

> Contre le harcèlement :
www.agircontreleharcelementalecole.gouv.fr
> Contre le cyberharcèlement :
0 800 200 000
www.netecoute.fr

POUR TROUVER UNE ÉCOUTE ET DU SOUTIEN AUPRÈS D'ADULTES

Les points accueil écoute jeunes (PAEJ)

Ils accueillent, informent et orientent vers les bonnes adresses les jeunes de 10 à 25 ans quelle que soit leur question. Ils reçoivent aussi les parents. Pour trouver l'adresse du PAEJ le plus proche :
www.social-sante.gouv.fr
puis saisir **PAEJ**

Les Maisons des ados (MDA)

Elles informent, conseillent, accompagnent les adolescents et leurs familles. Elles proposent des consultations en dermatologie, psychologie, nutrition, gynécologie, médecine générale...
Les adolescents peuvent y venir seuls, ou accompagnés de leurs parents. Pour trouver une MDA dans ton département :
www.anmda.fr

POUR CONNAÎTRE TES DROITS

cidj.com : un site du Centre d'information et de documentation jeunesse. Études, orientation, santé, vie de famille, logement, banque, permis de conduire deux-roues, petits jobs... Toute l'info pour agir.

POUR DES QUESTIONS D'ORIENTATION

Le **CDI** dans ton collège (**BDI** dans un collège privé).

Deux sites : **www.onisep.fr** et **www.cidj.com**

DES NUMÉROS SPÉCIALISÉS

Centres antipoison

Angers : 02 41 48 21 21
Bordeaux : 05 56 96 40 80
Lille : 0 800 59 59 59
Lyon : 04 72 11 69 11
Marseille : 04 91 75 25 25
Nancy : 03 83 22 50 50
Paris : 01 40 05 48 48
Strasbourg : 03 88 37 37 37
Toulouse : 05 61 77 74 47
www.centres-antipoison.net

Drogues infos service :

0 800 23 13 13
www.drogues-info-service.fr

Écoute Alcool :

0 980 980 930

Écoute Cannabis :

0 980 980 940

Hépatites Info Service :

0 800 845 800
www.hepatites-info-service.org
(À consulter avant un piercing ou un tatouage.)

POUR TES PARENTS

Inter service parents :

01 44 93 44 93 et **01 44 93 44 86**
Au bout du fil, des professionnels de l'écoute et de l'éducation dont la mission est de soutenir les parents, de les orienter ou de les guider. Numéro d'appel gratuit.

Les écoles des parents et des éducateurs

Pour trouver l'adresse la plus proche de son département :
www.ecoledesparents.org.
Pour envoyer un mail :
contact@ecoledesparents.org

NUMÉROS D'URGENCE :

En France :
SAMU : 15
POLICE : 17
POMPIERS : 18

En Europe : 112

À connaître si tu es en vacances, en séjour linguistique ou en échange scolaire à l'étranger (à partir d'un téléphone mobile).

Toutes les illustrations de Tehem
ont été prépubliées dans le magazine
OKAPI 100% ADO
www.okapi.fr et blog.okapi.fr

Couleurs : Gildo Giorgi et Tehem

18, rue Barbès, 92128 Montrouge cedex
ISBN : 978-2-7470-5697-7
Dépôt légal : juin 2015
Loi 49-956 du 16 juillet 1949 sur les publications destinées à la jeunesse

Imprimé en Slovénie.